GIOCHI MISTERI
PER ADULTI

Labirinti Per Adulti

ActivityCrusades

Pubblicato da Speedy Publishing Canada Limited

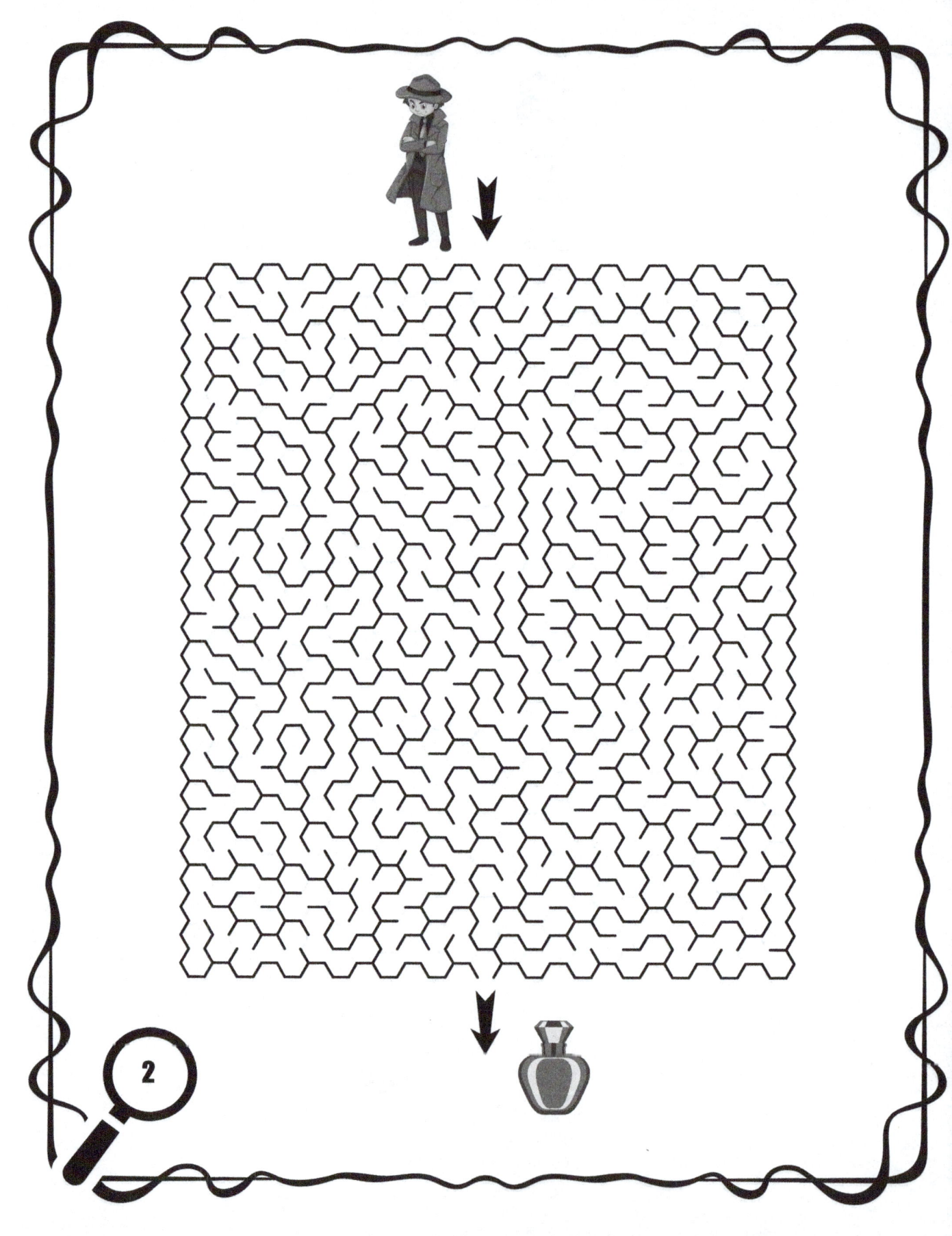

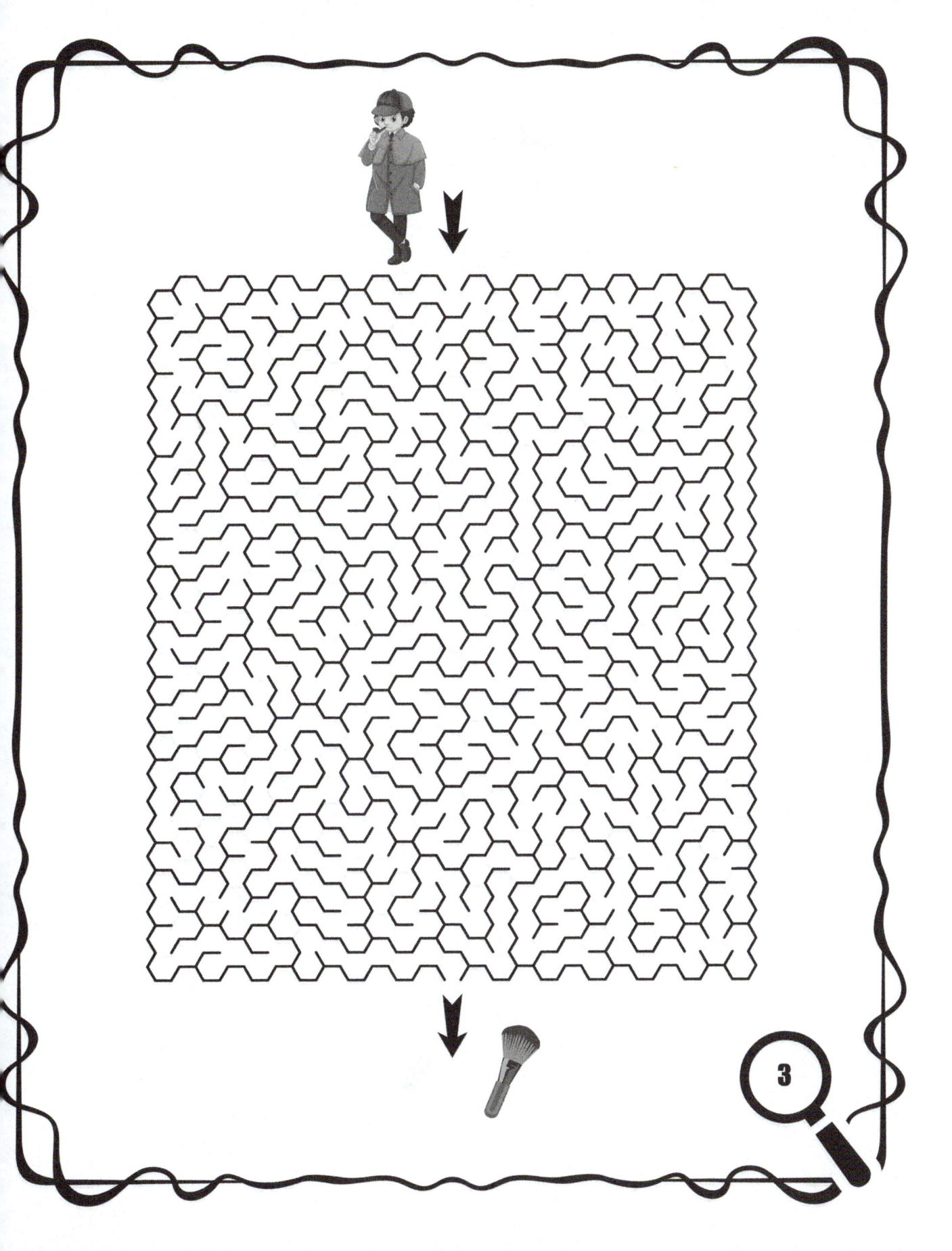

3

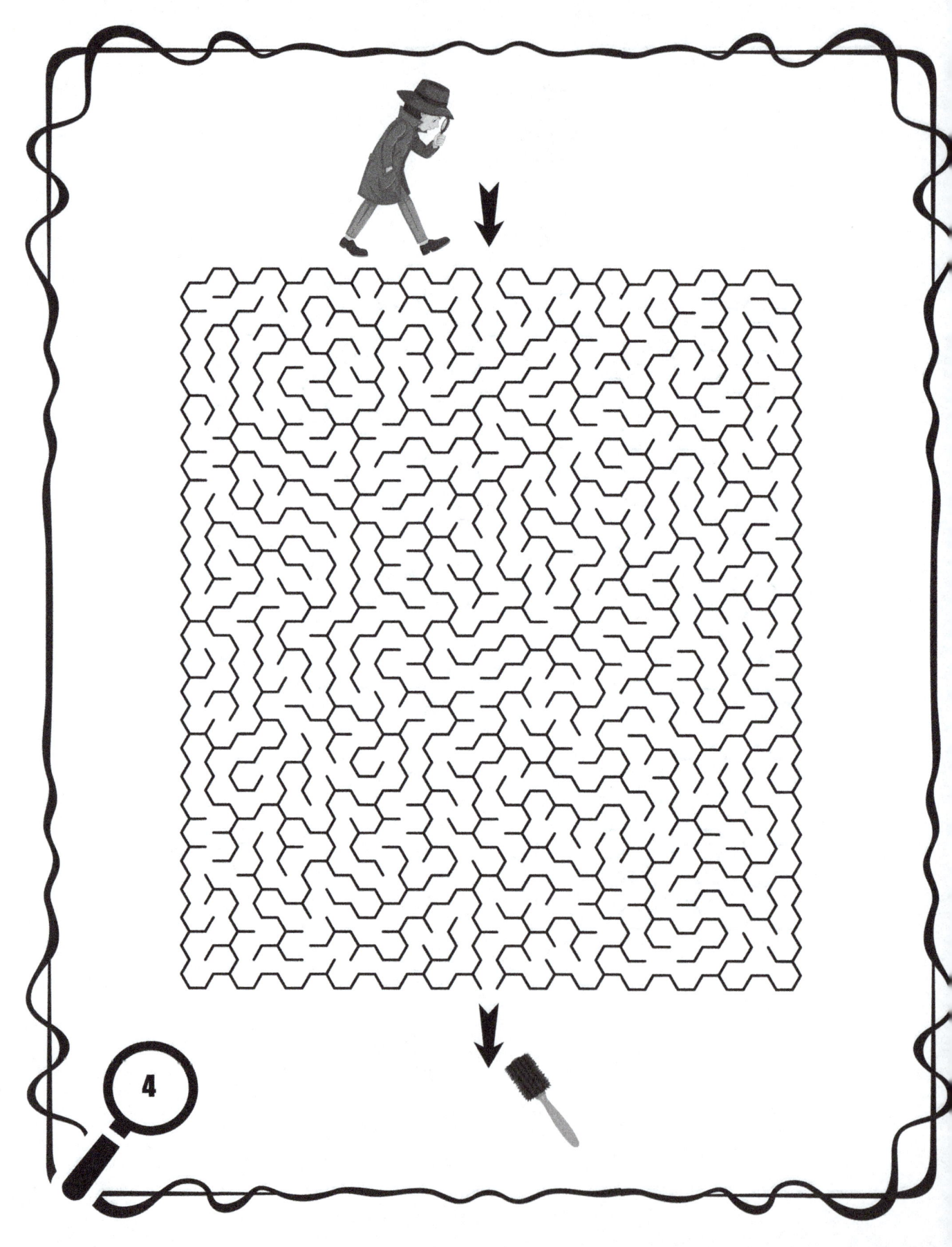

4

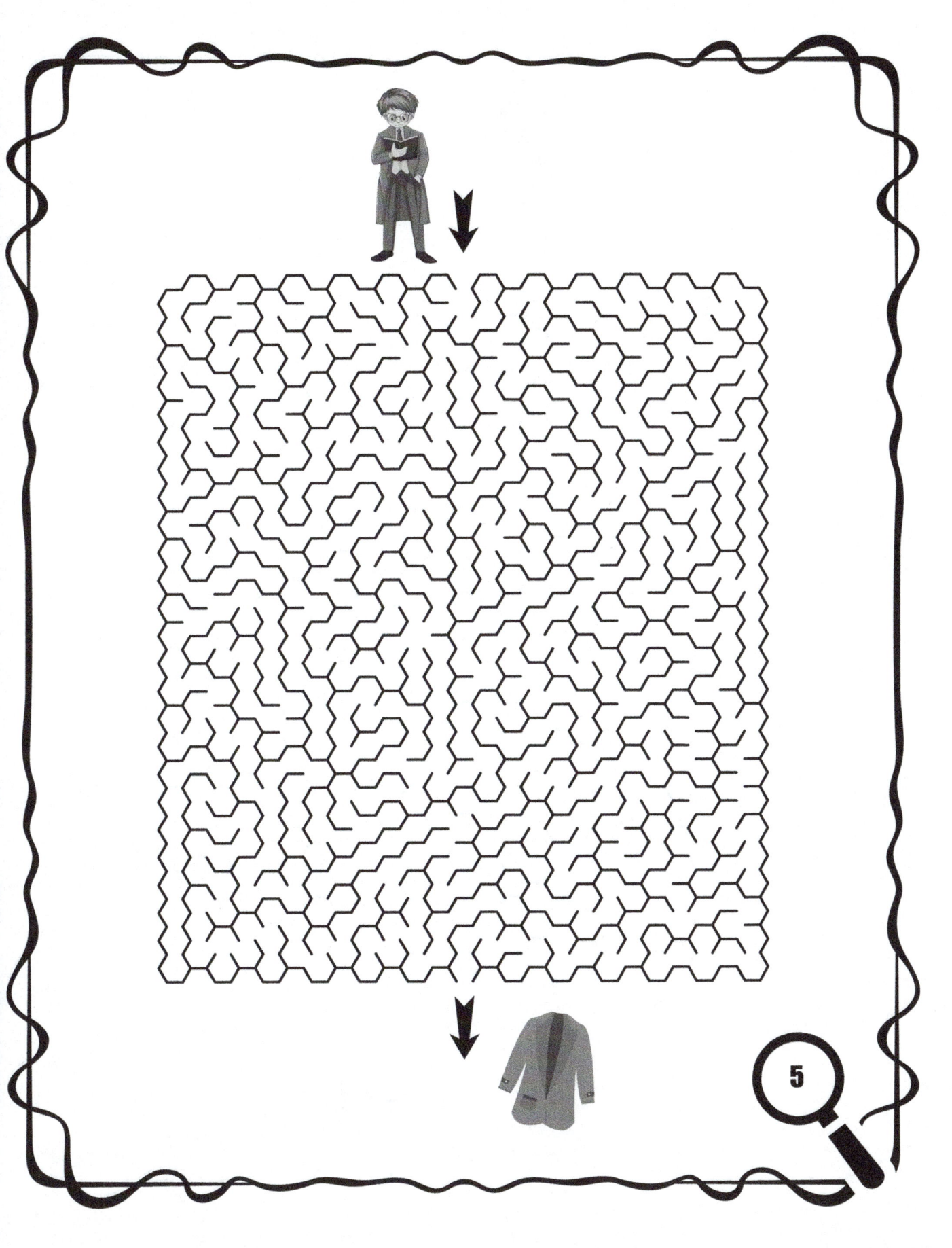

5

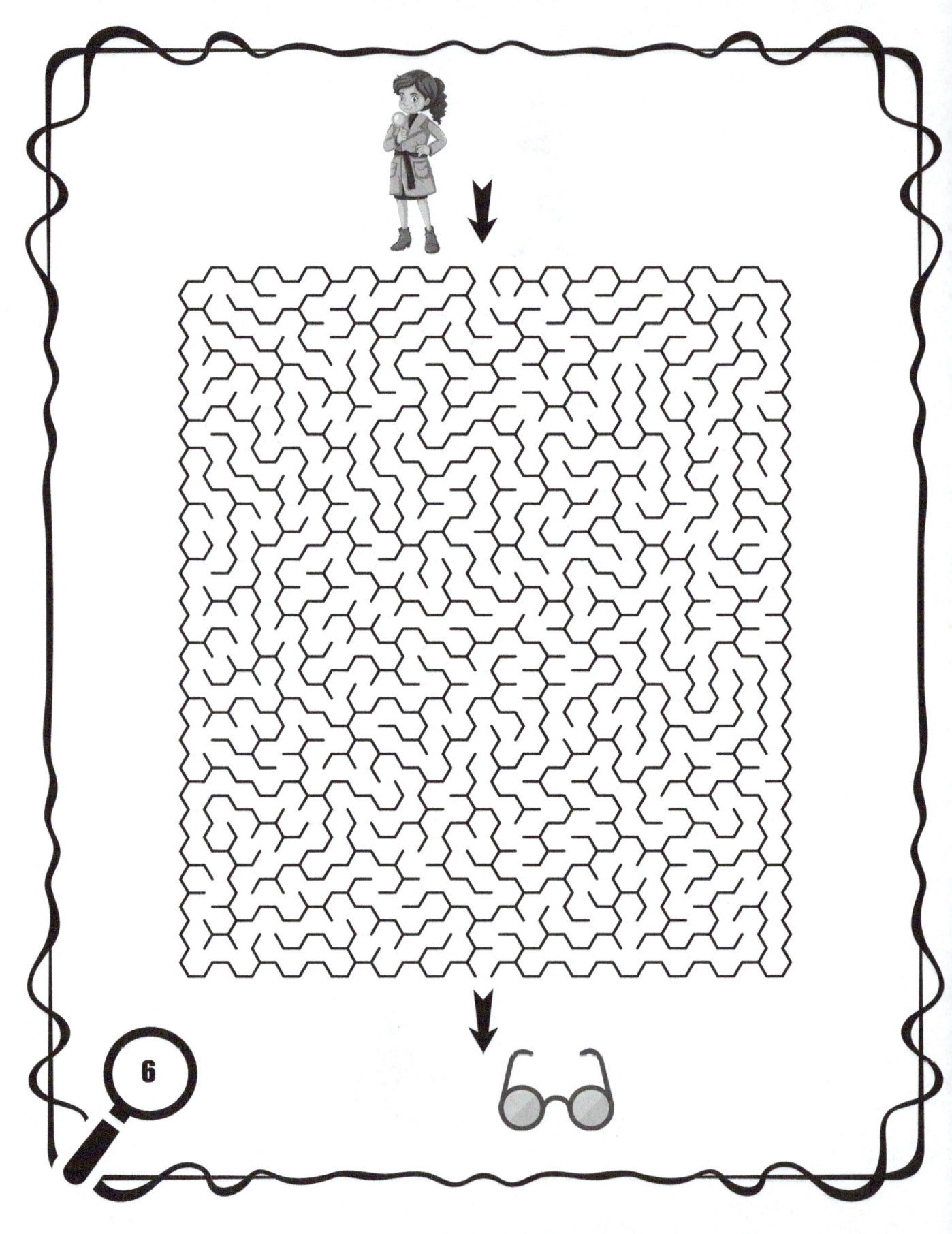

6

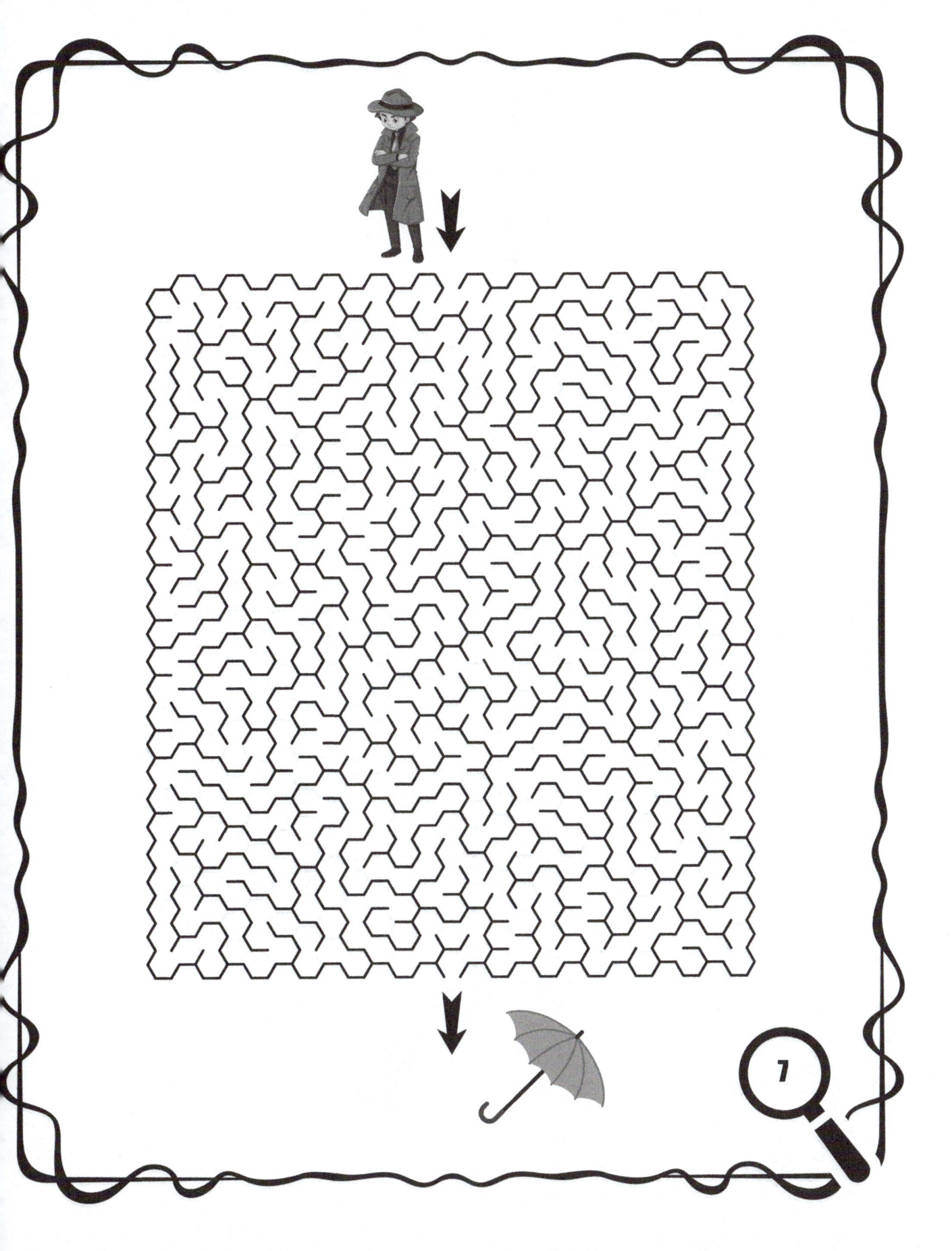

7

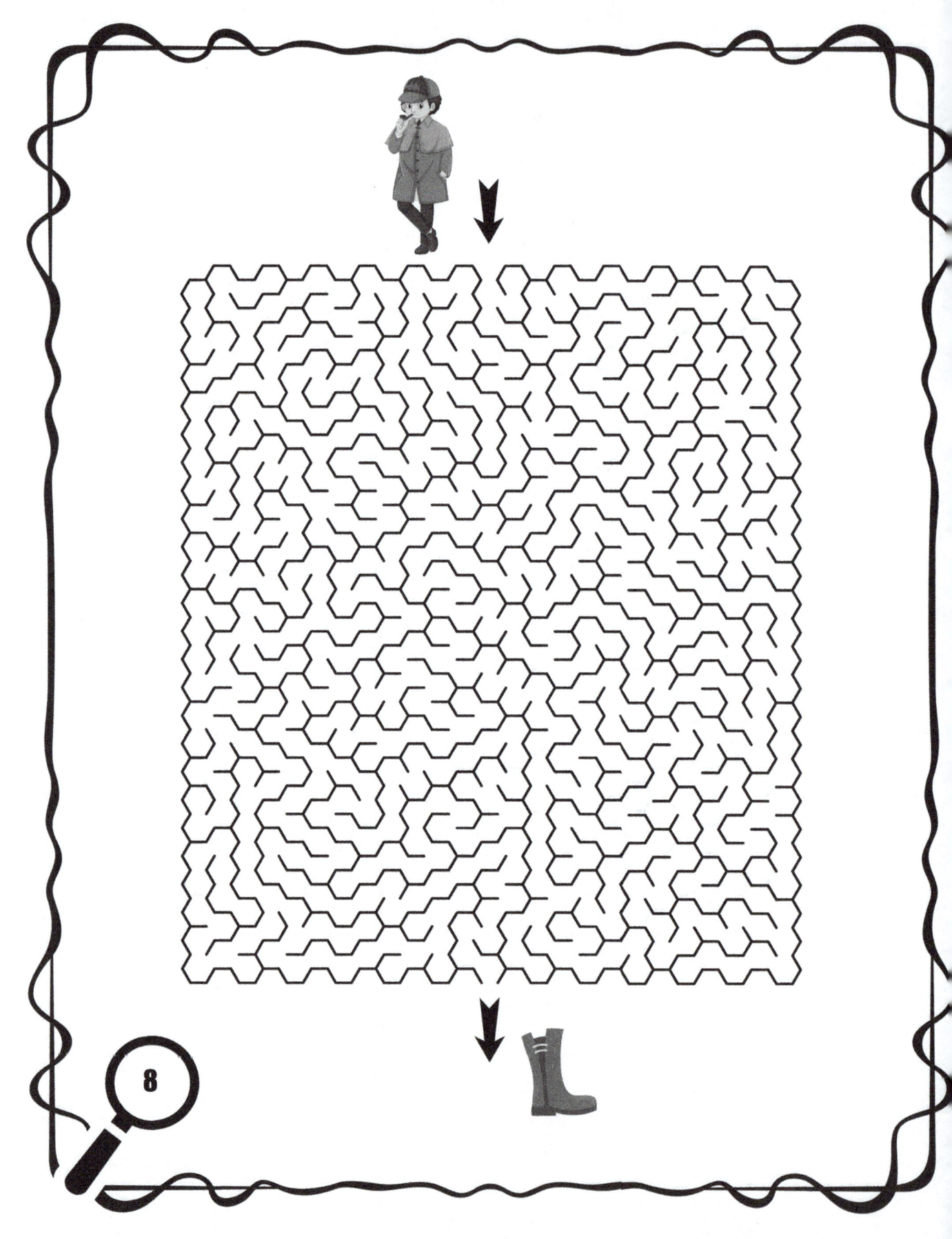

9

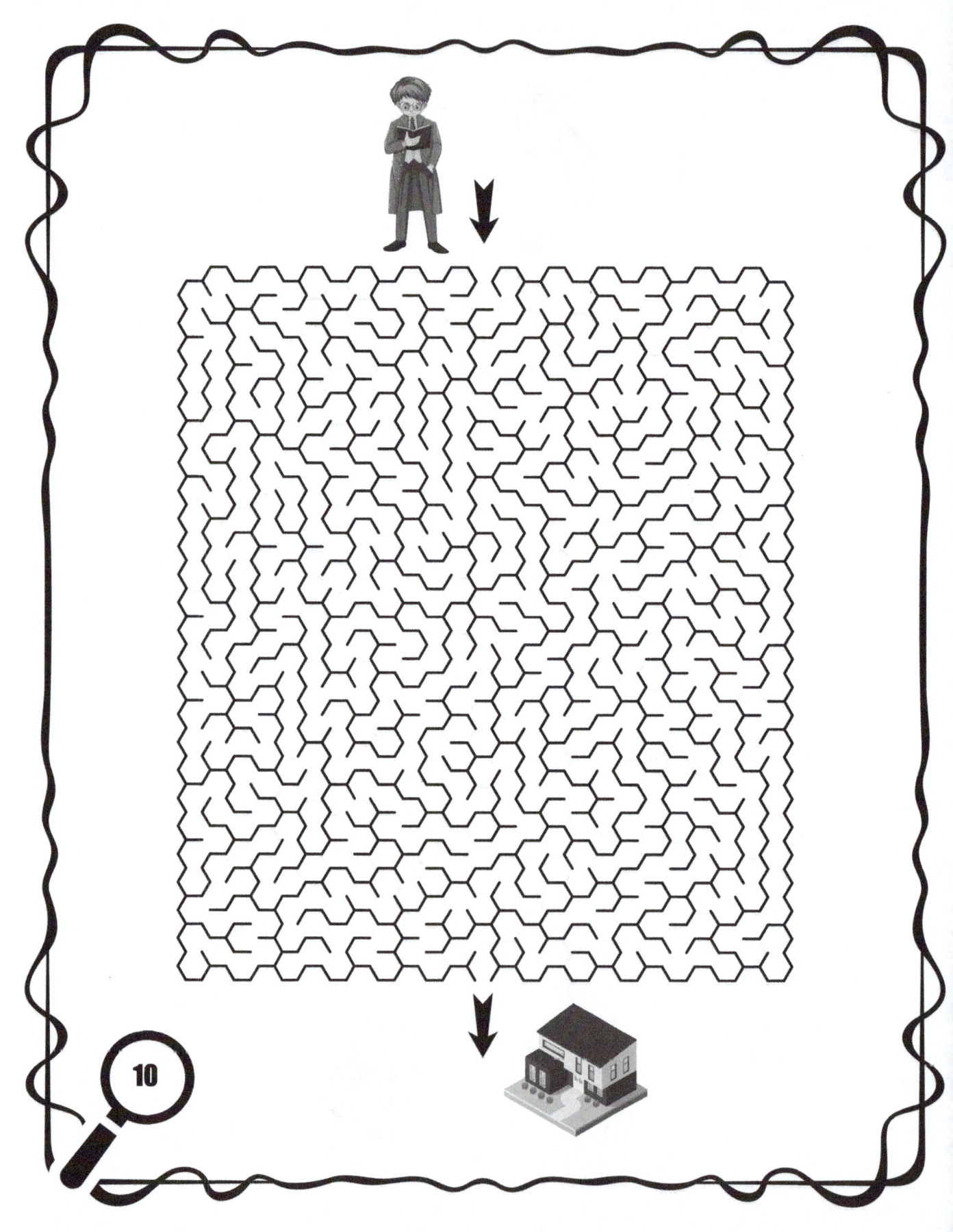

10

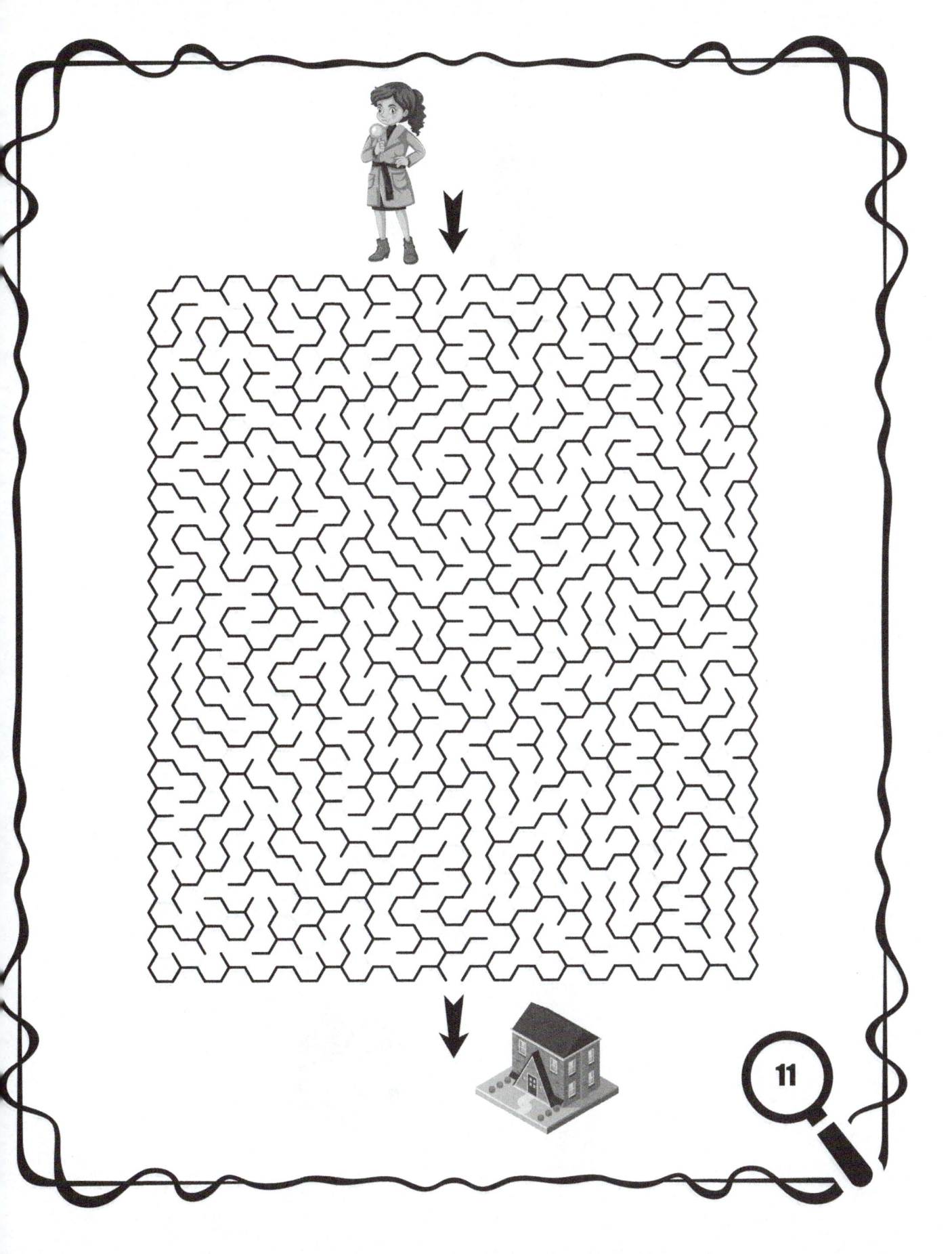

11

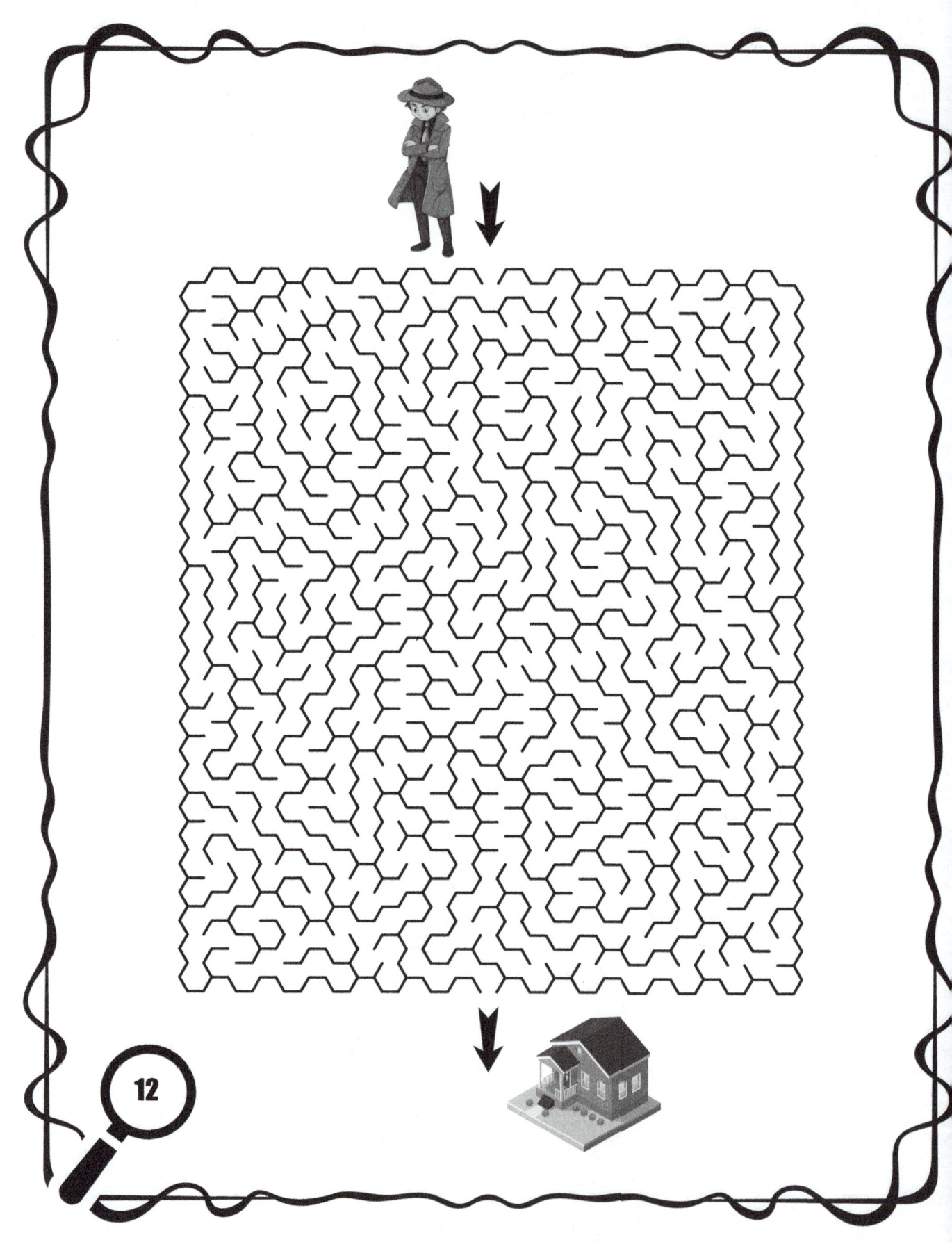

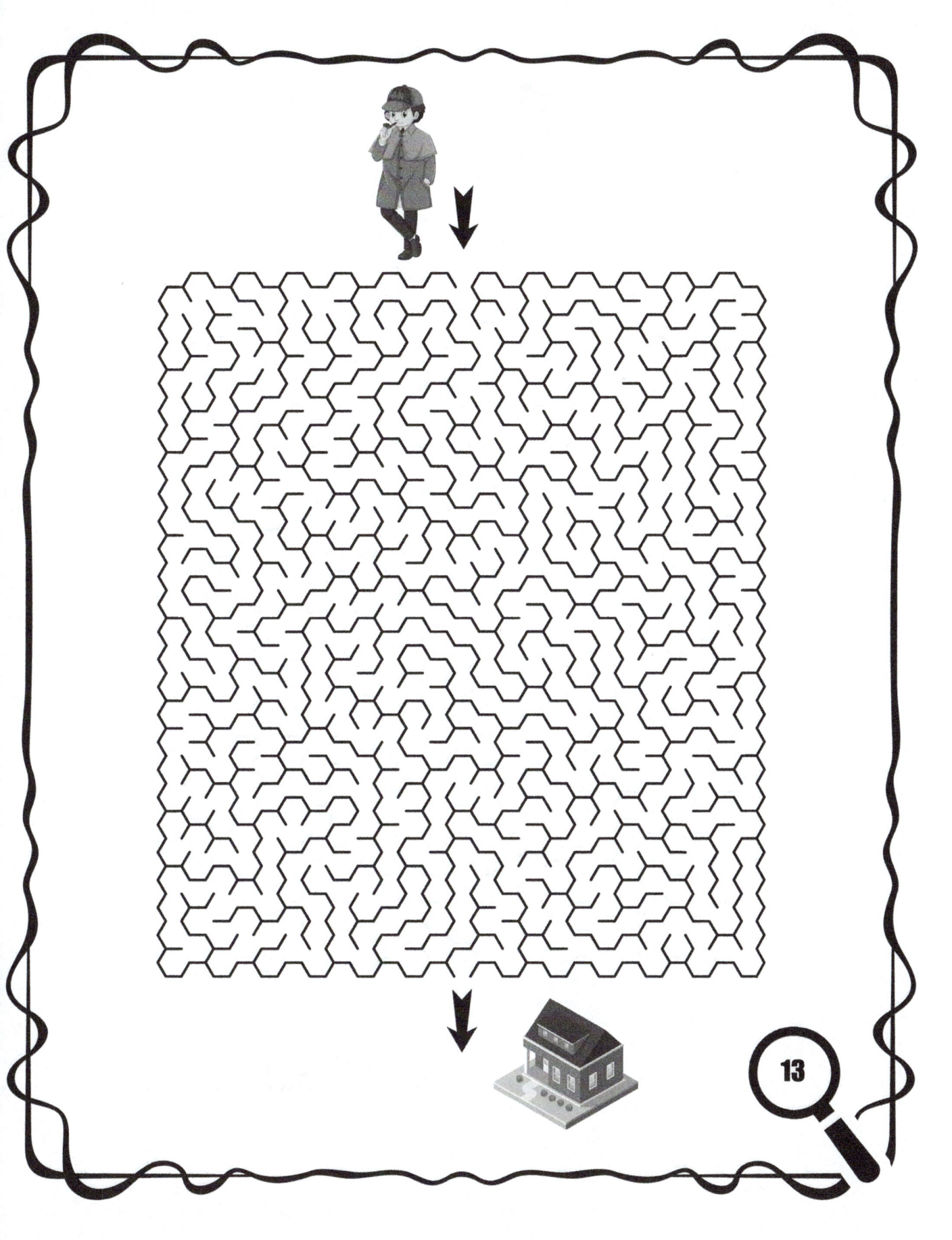

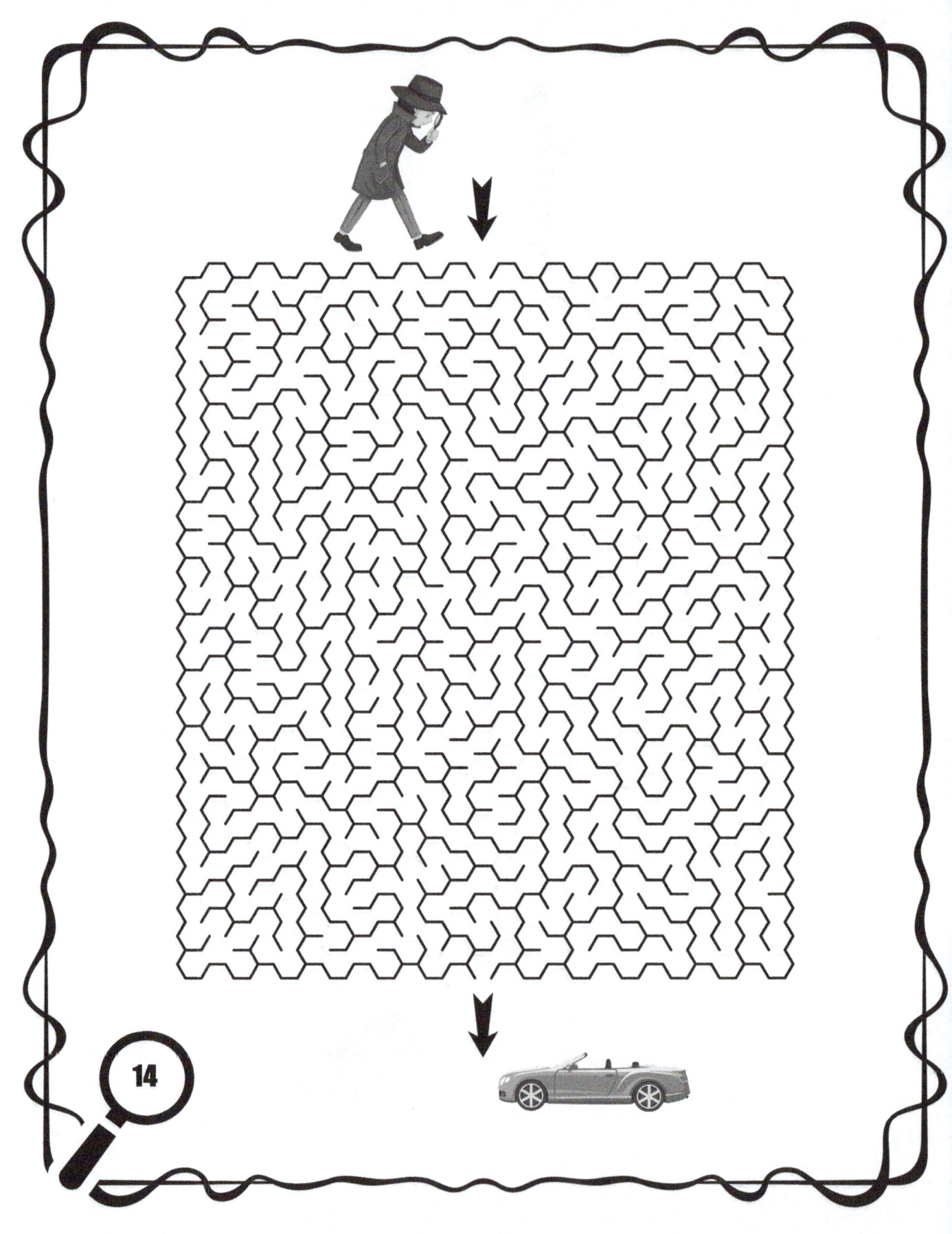

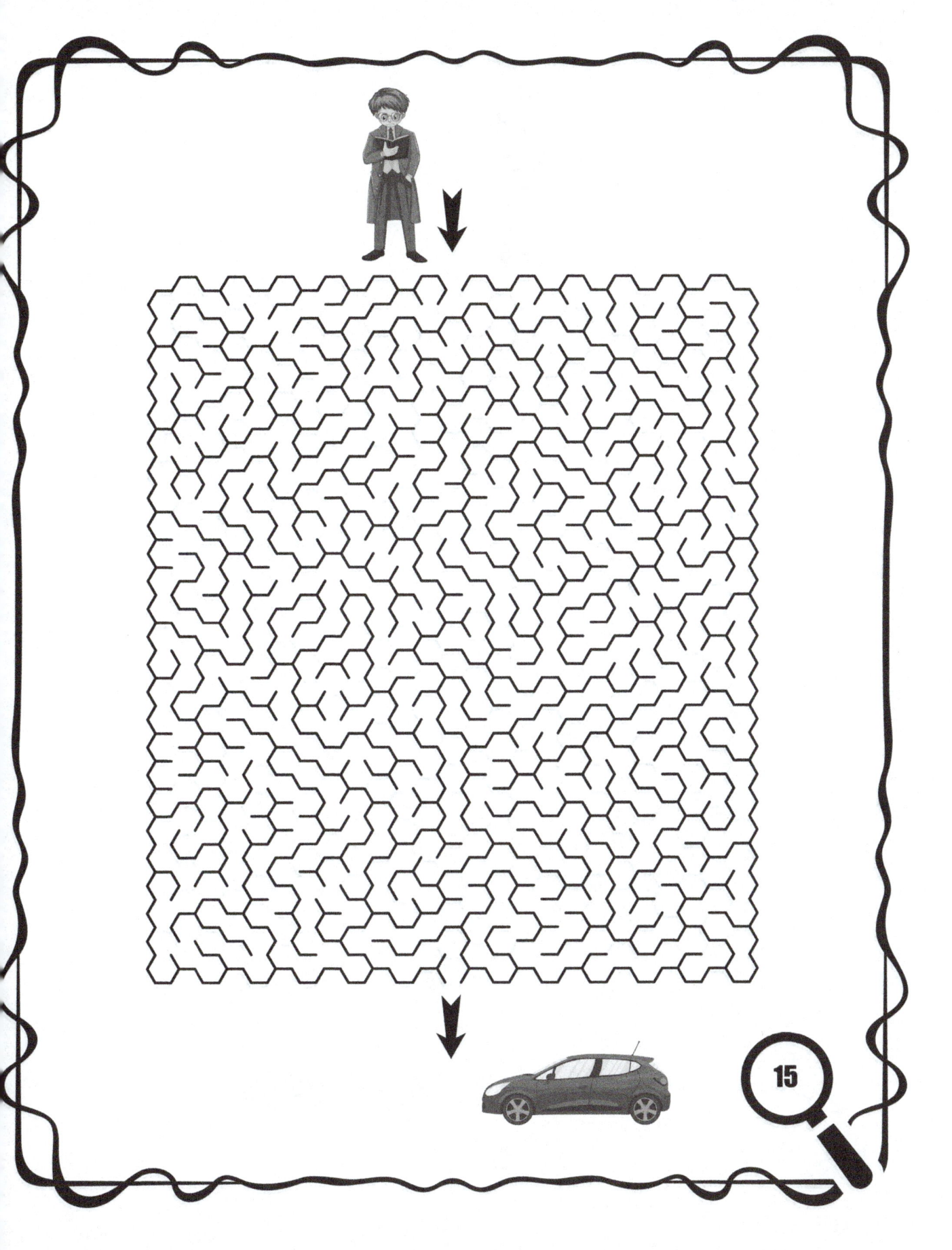

15

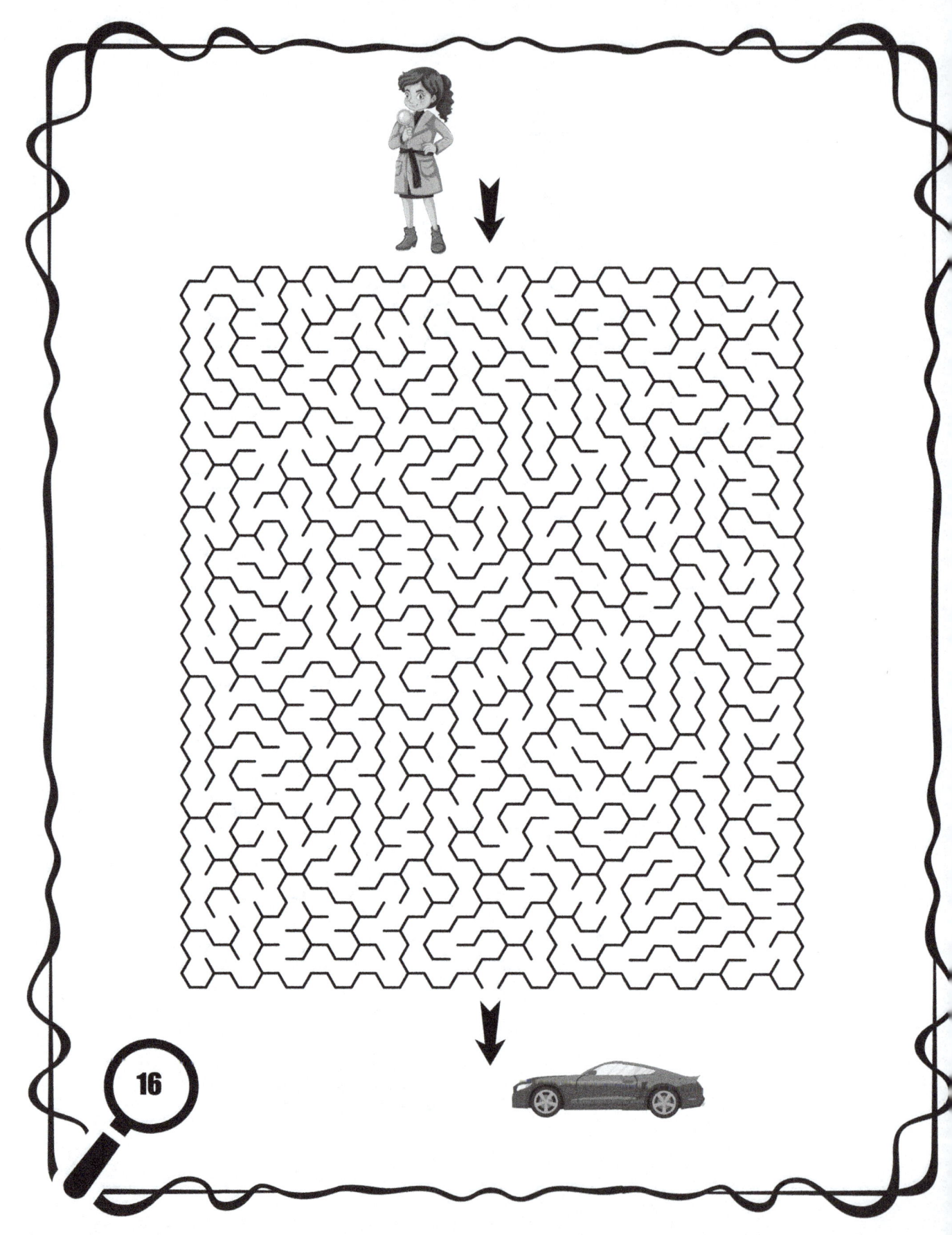

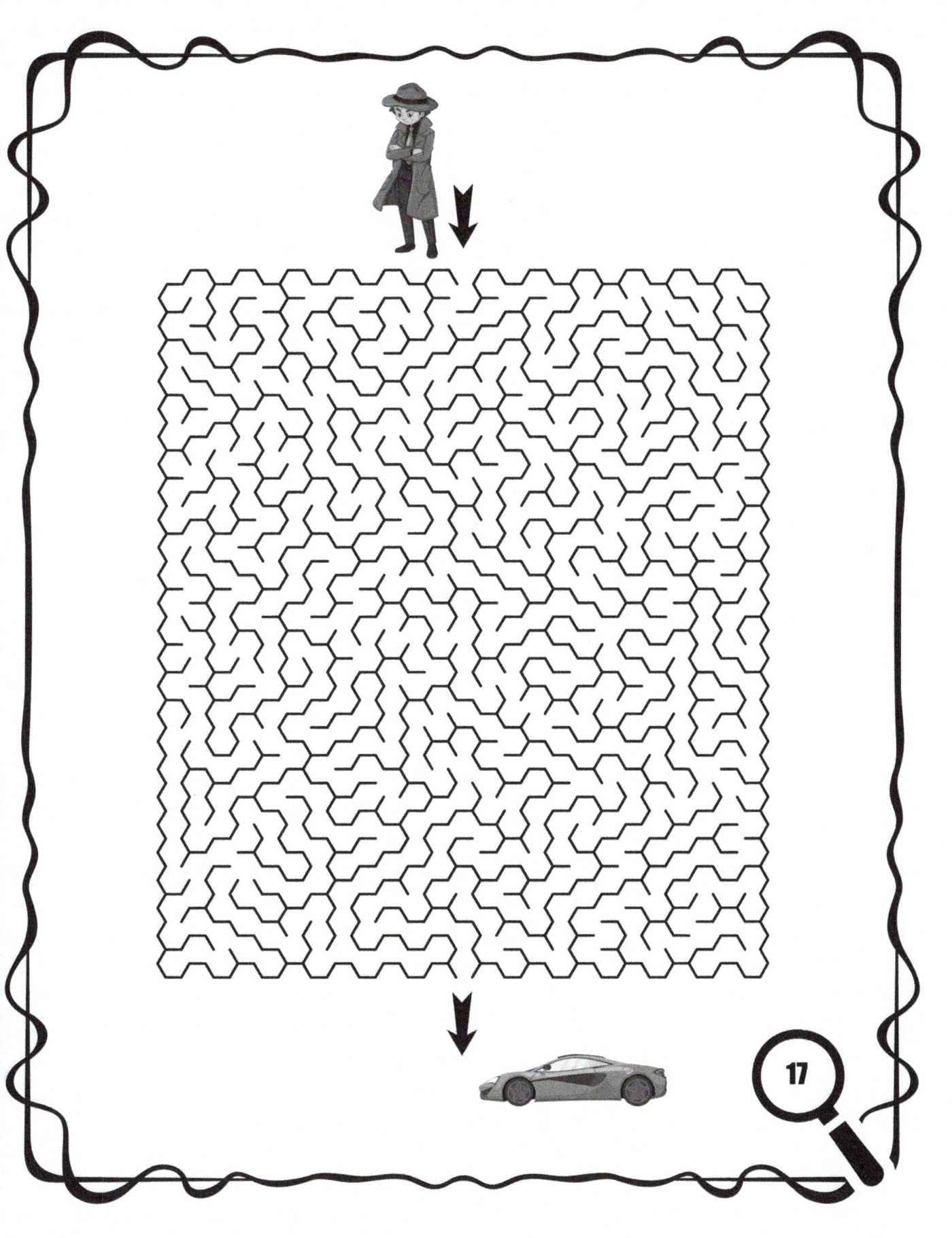

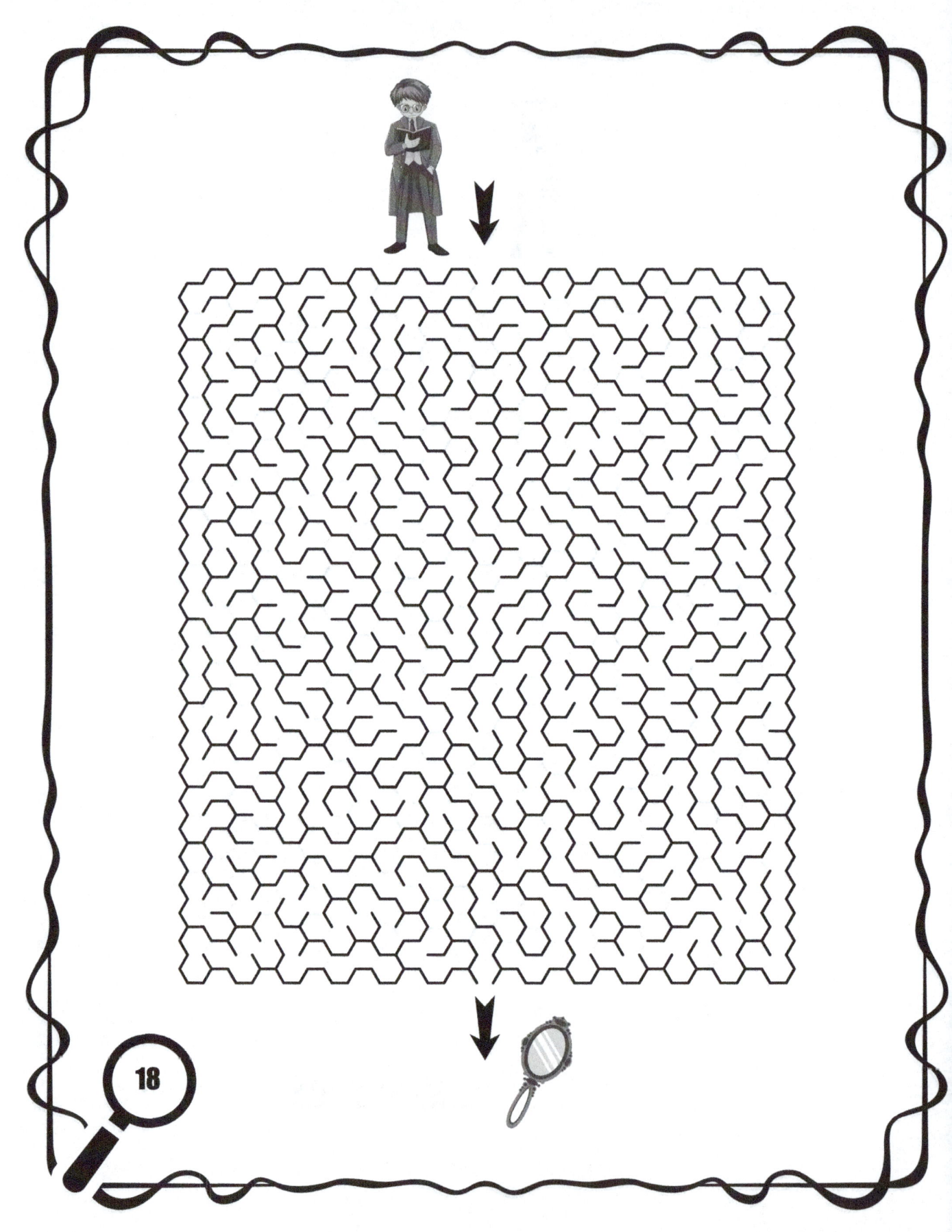

19

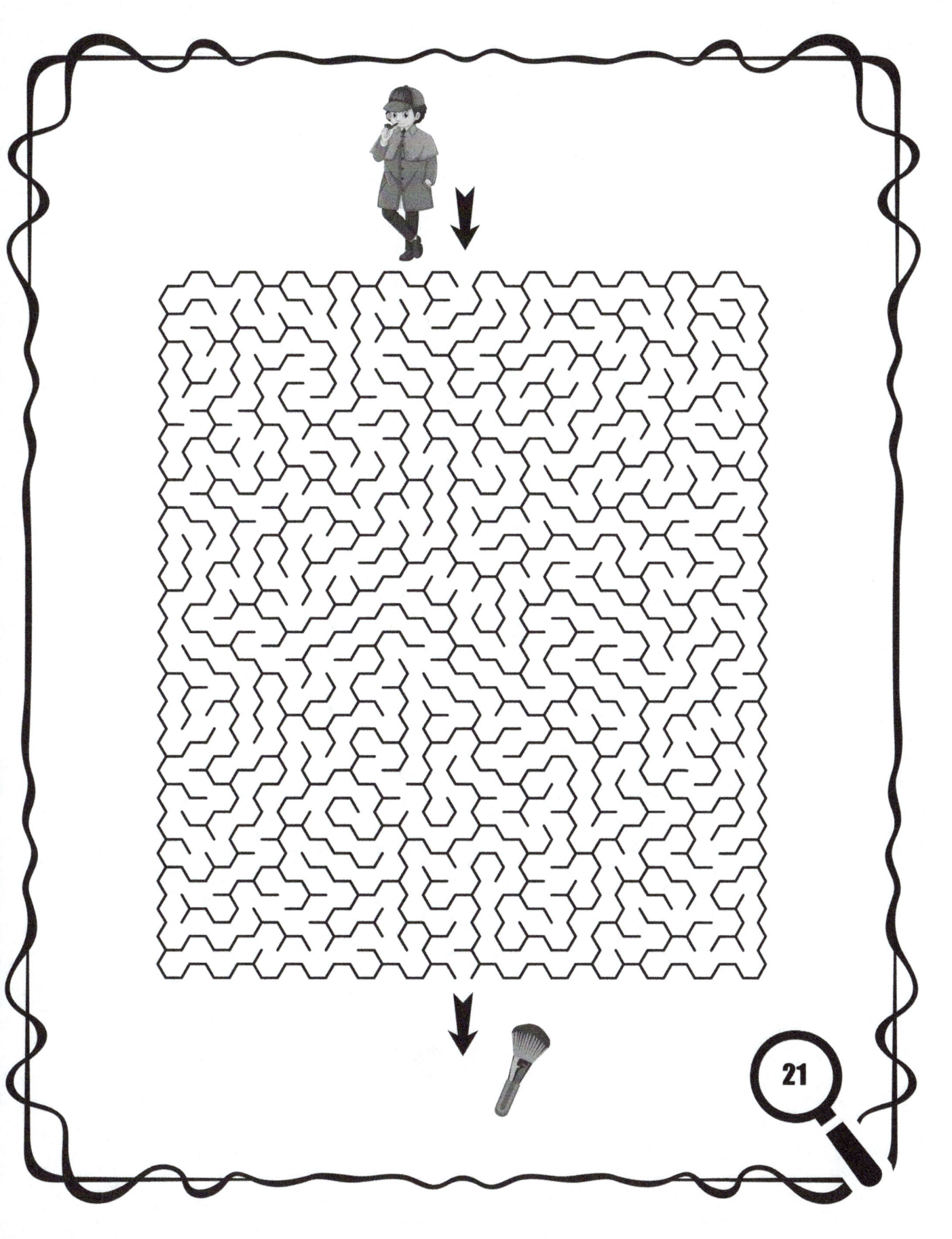

21

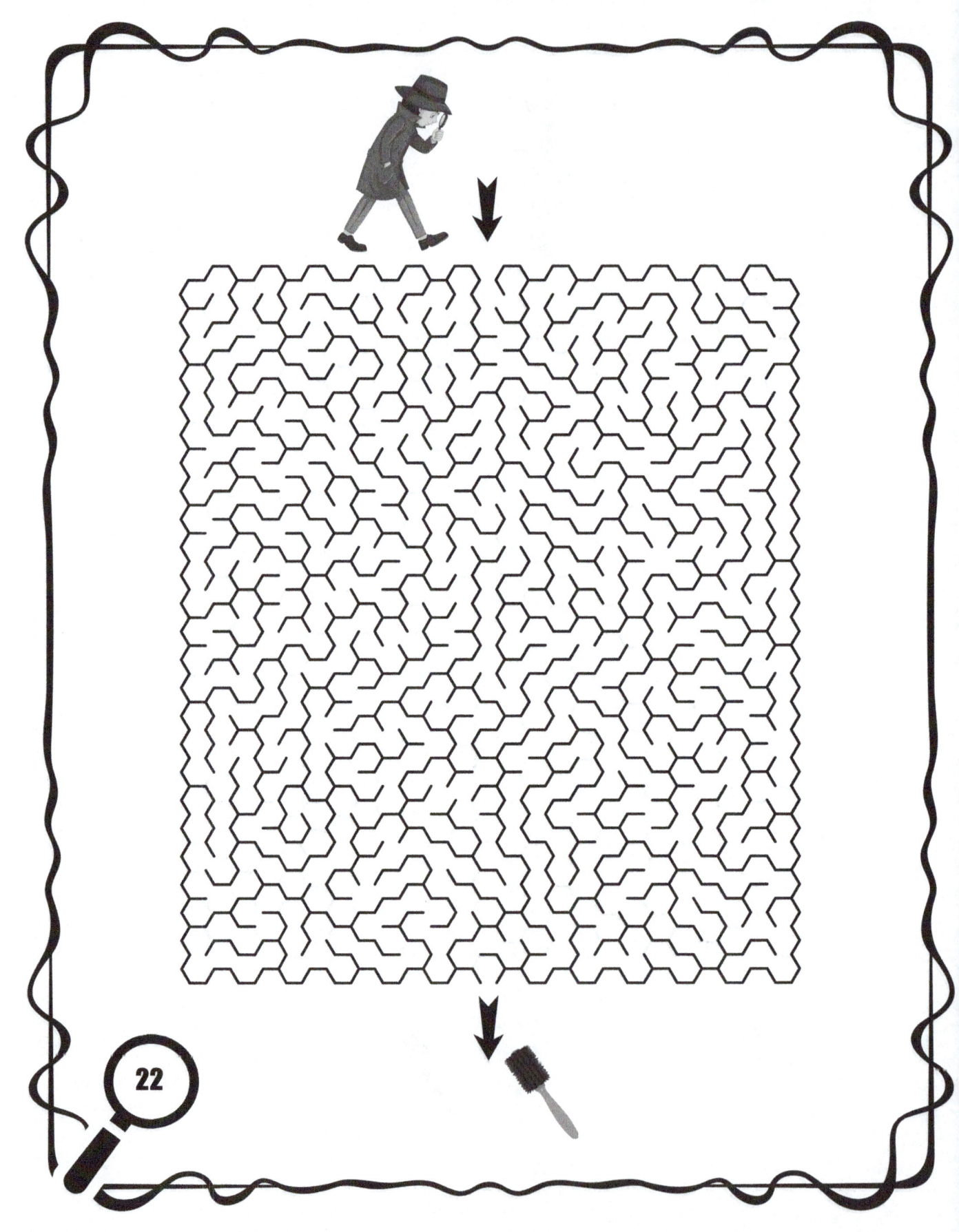

23

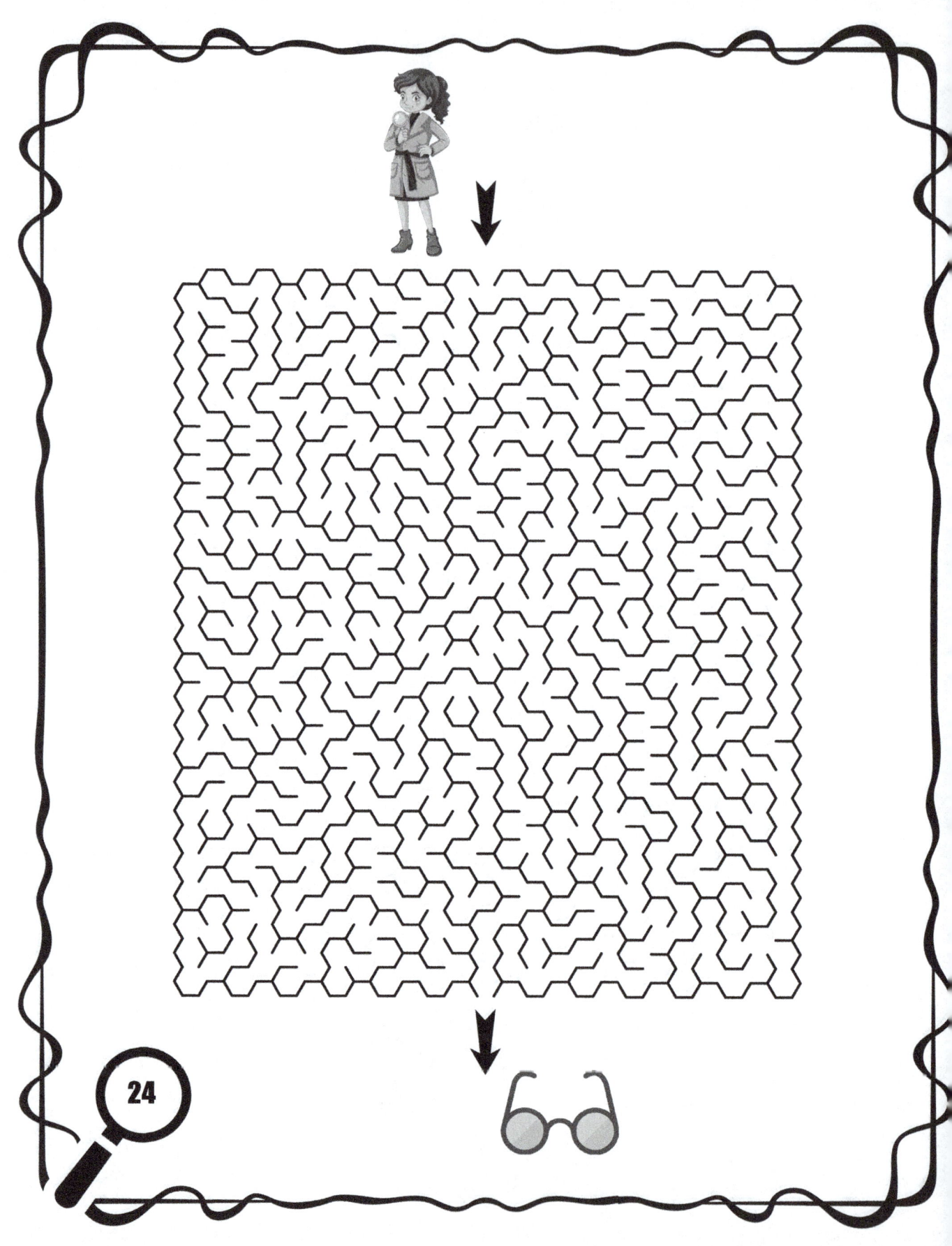

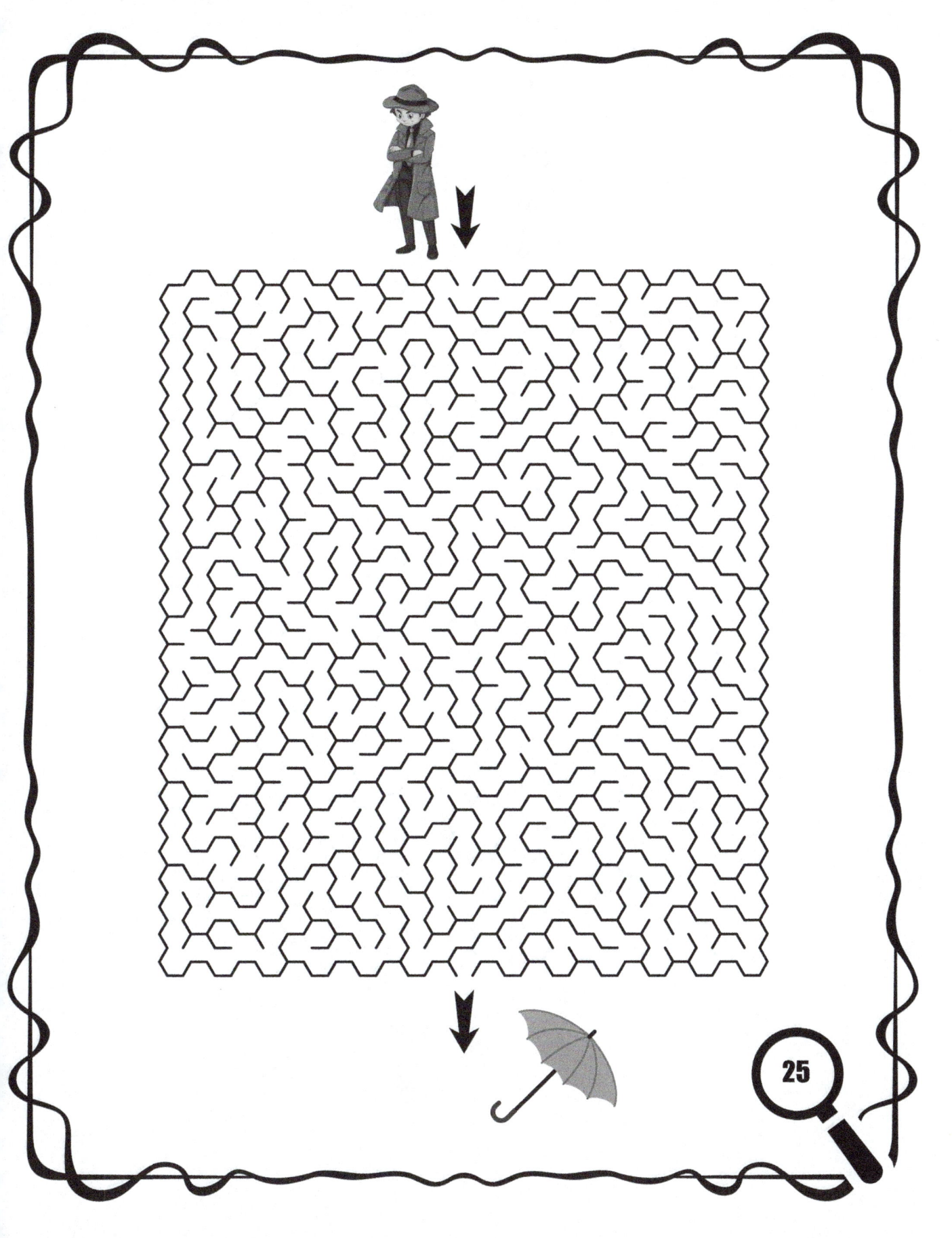

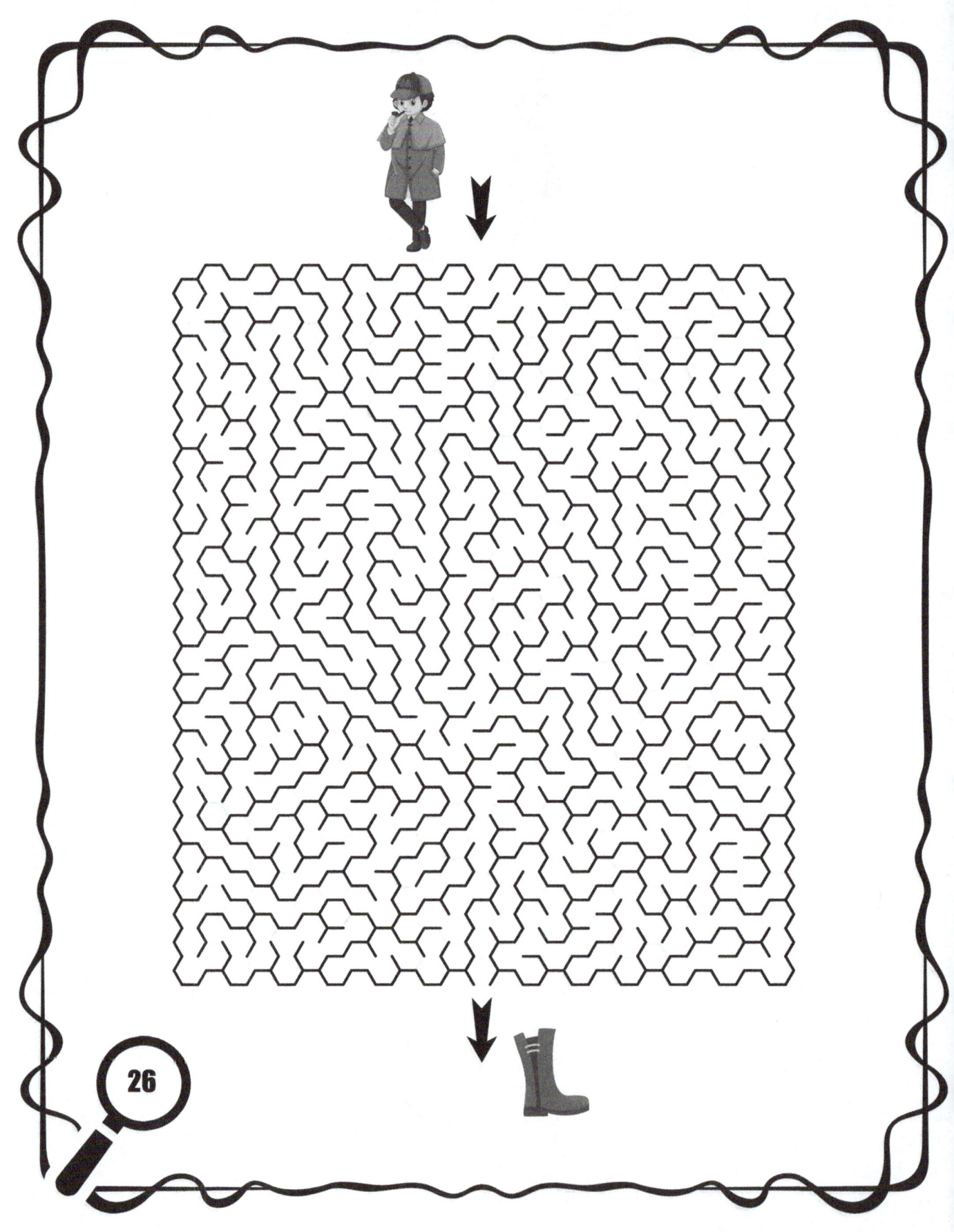

27

42

43

51

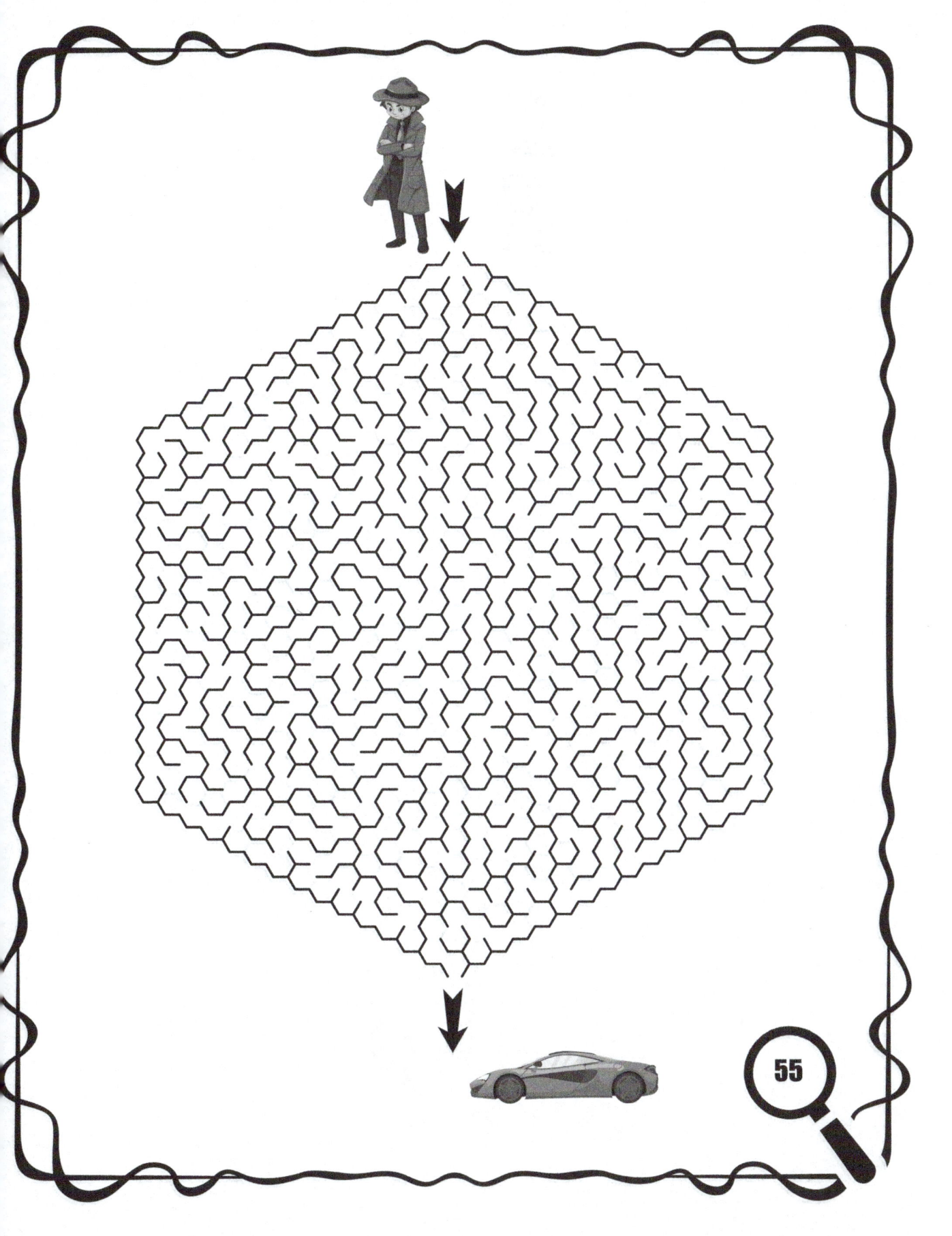

55

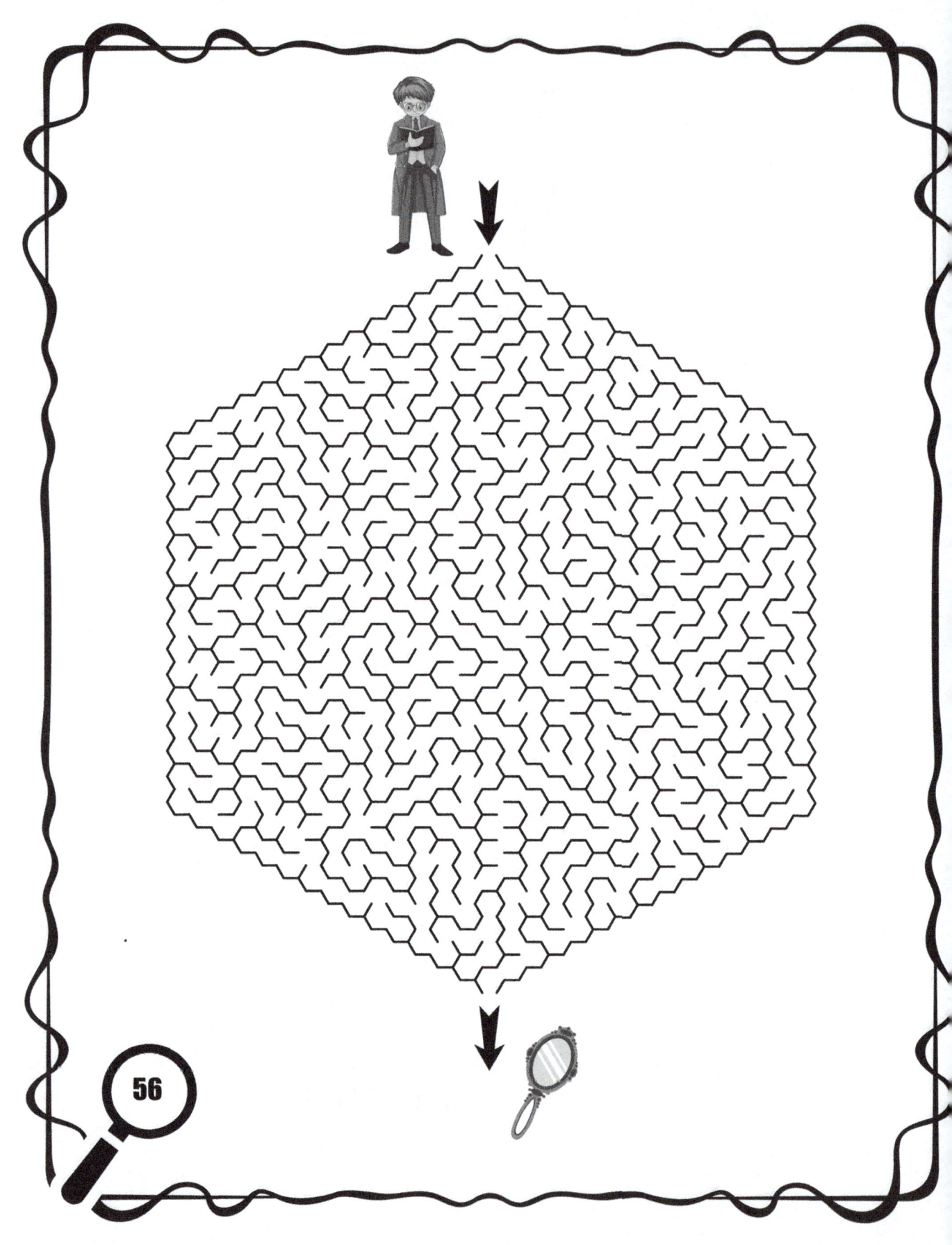

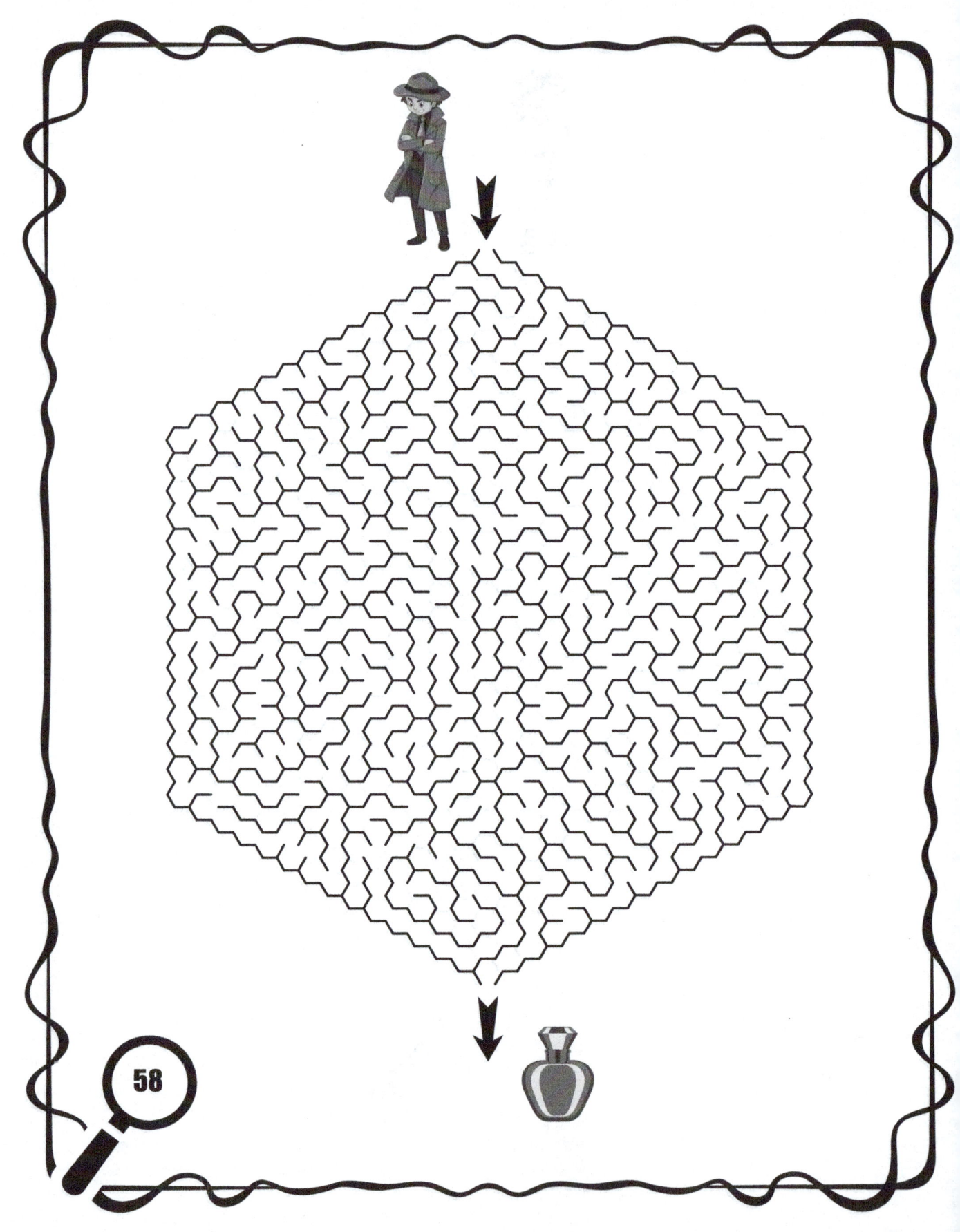

58

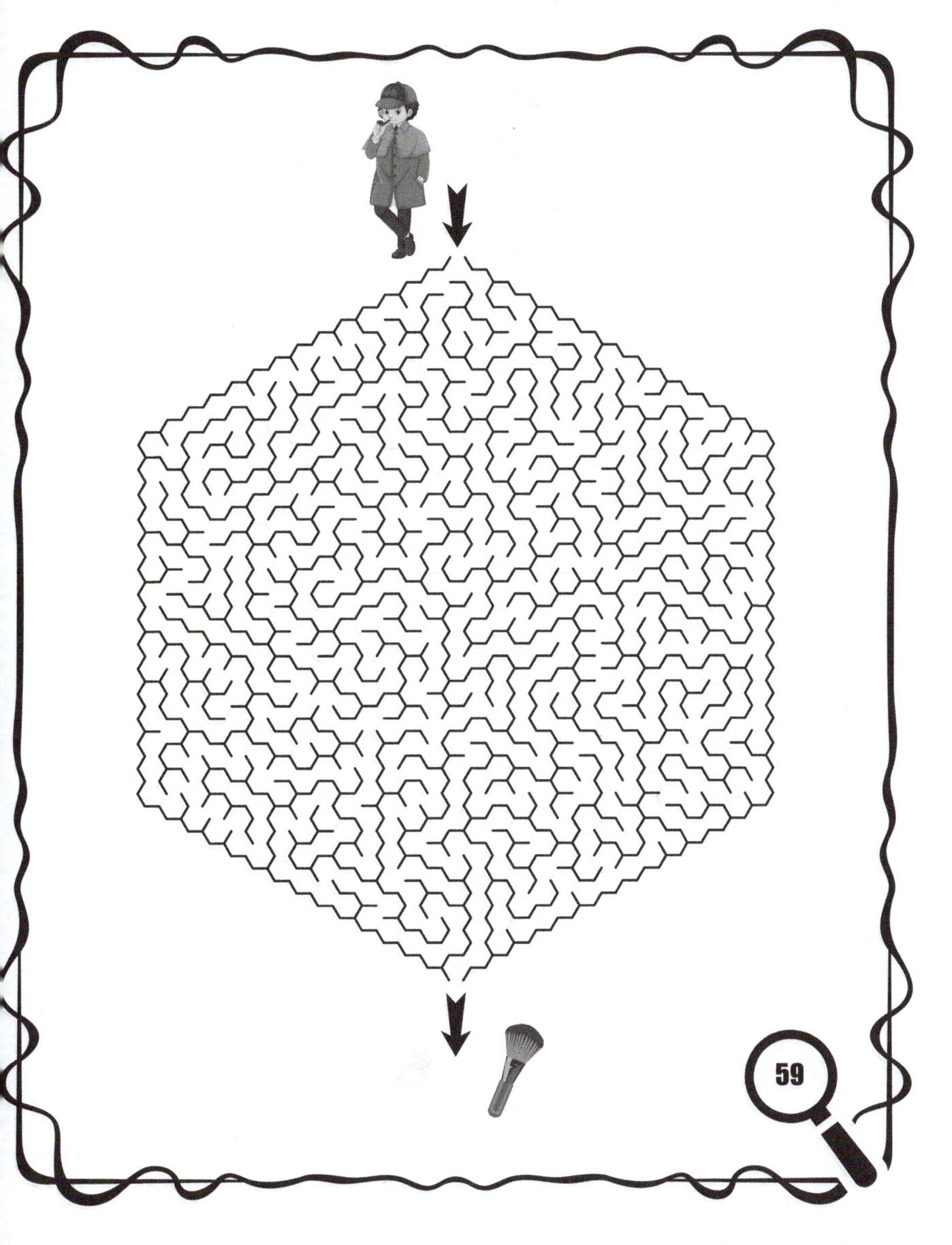

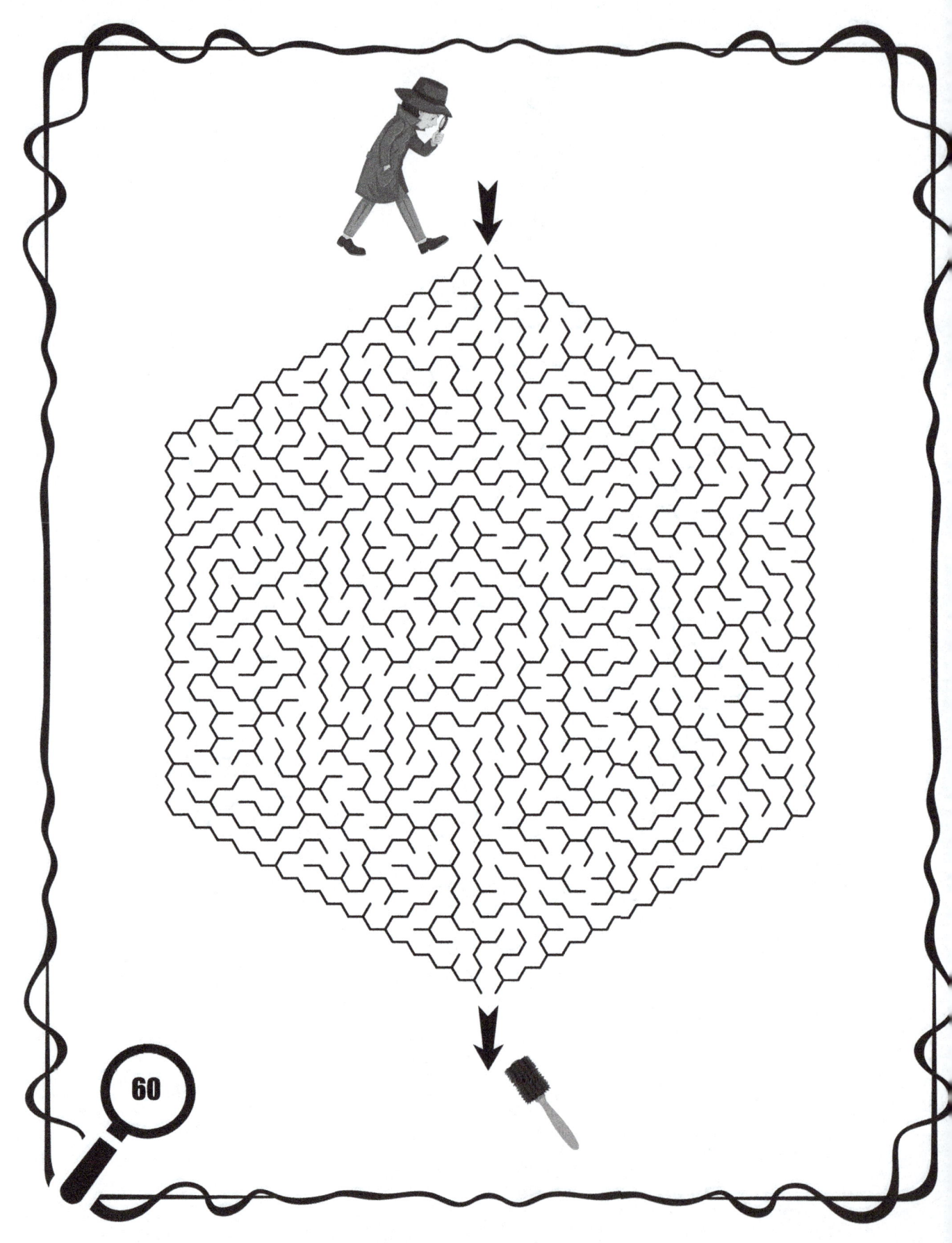

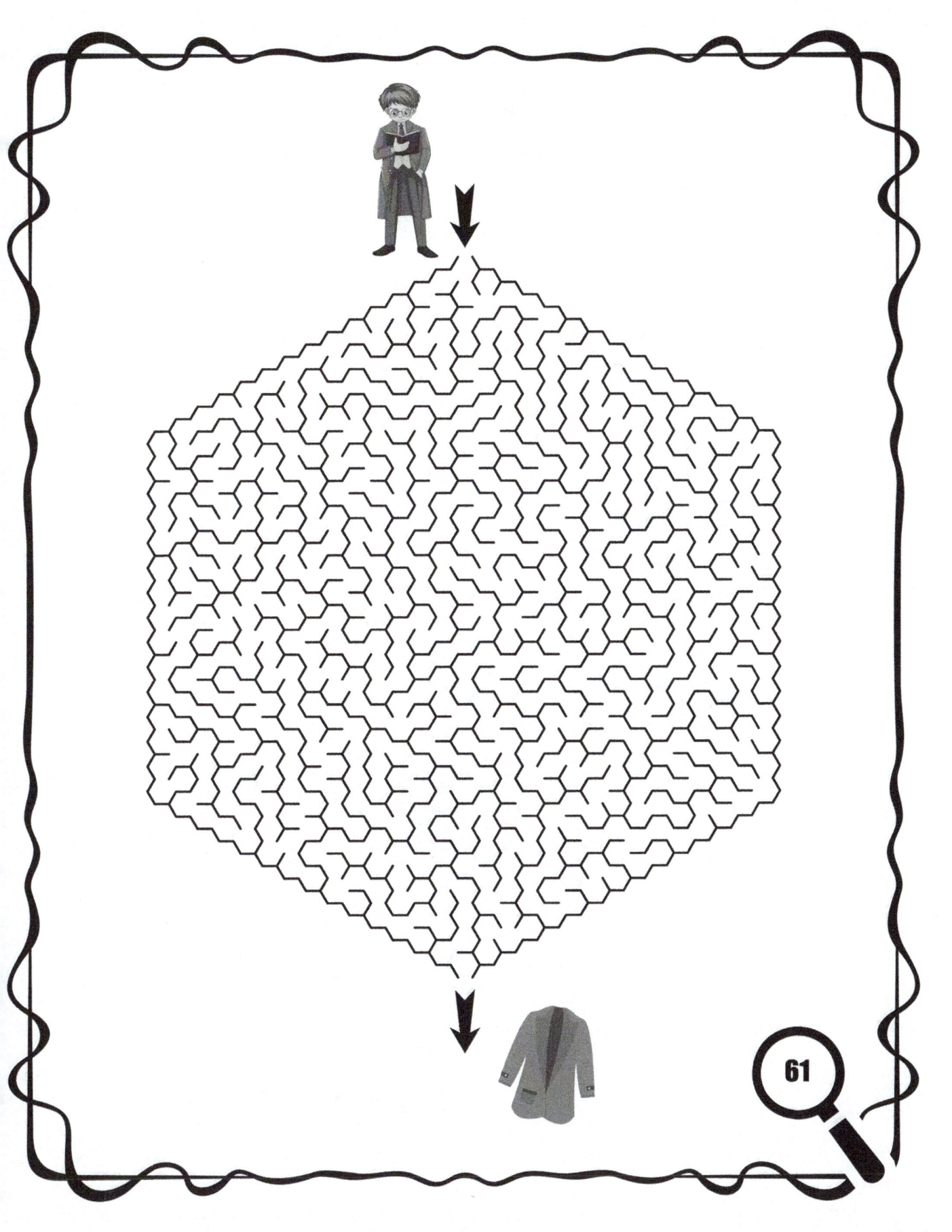

61

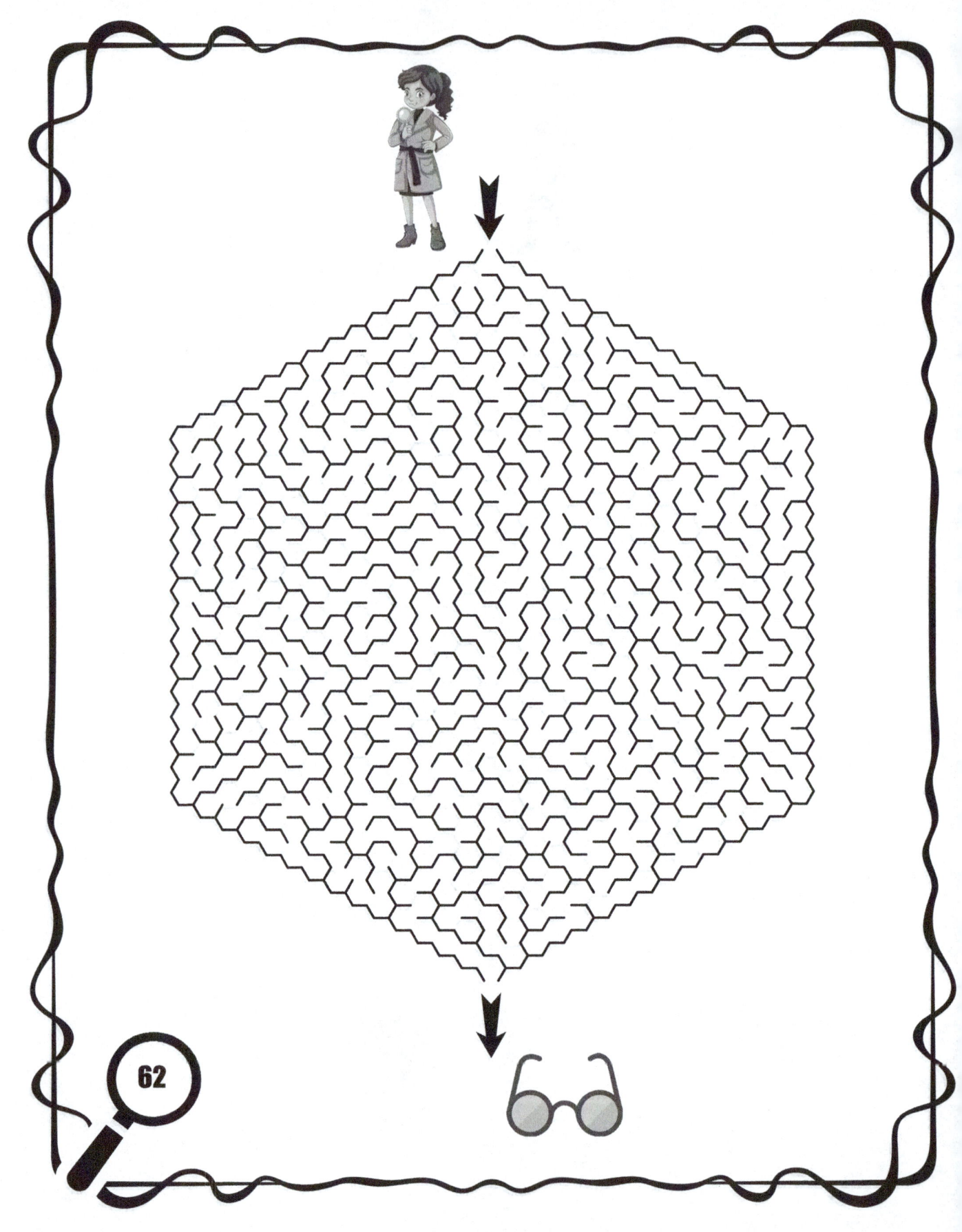

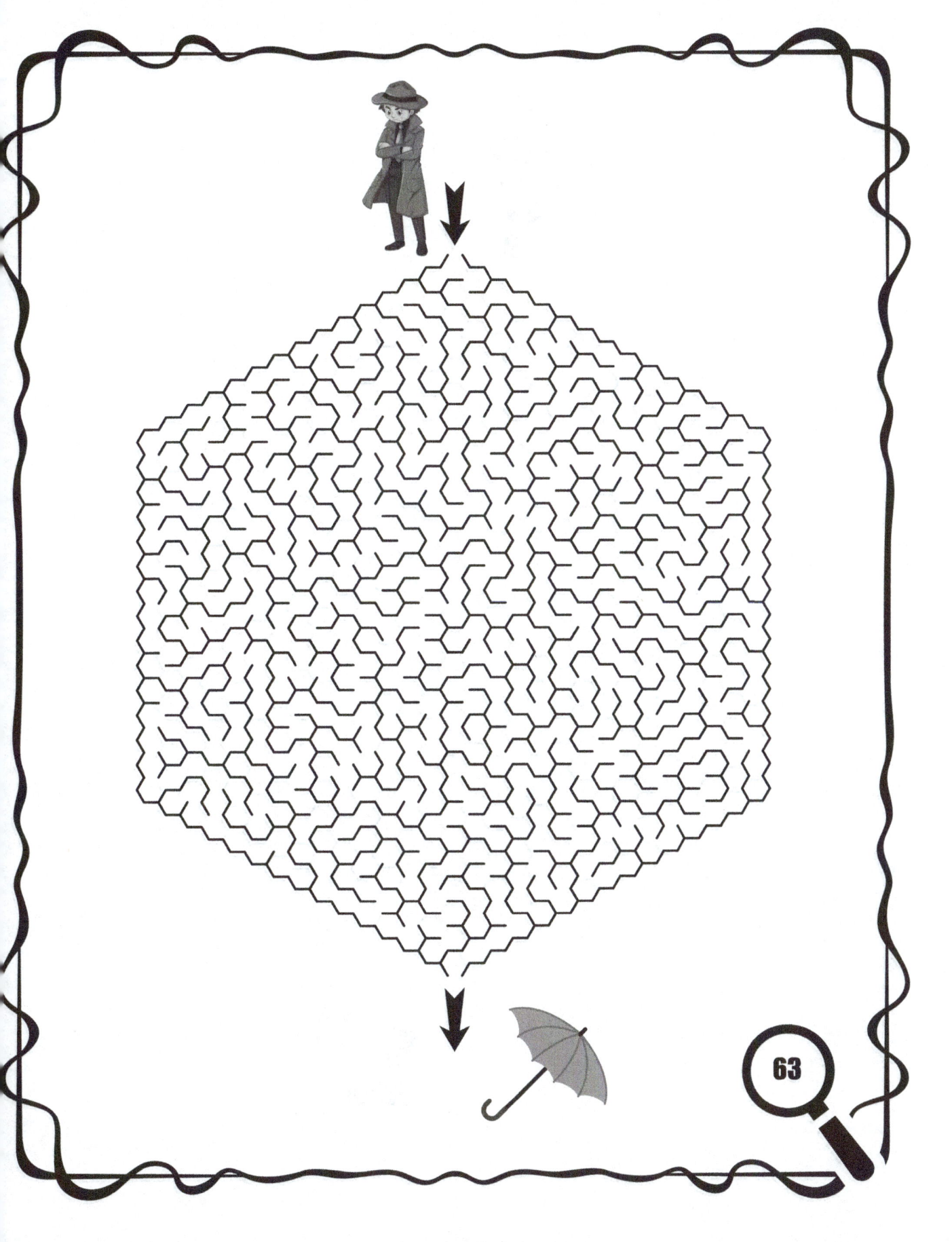

63

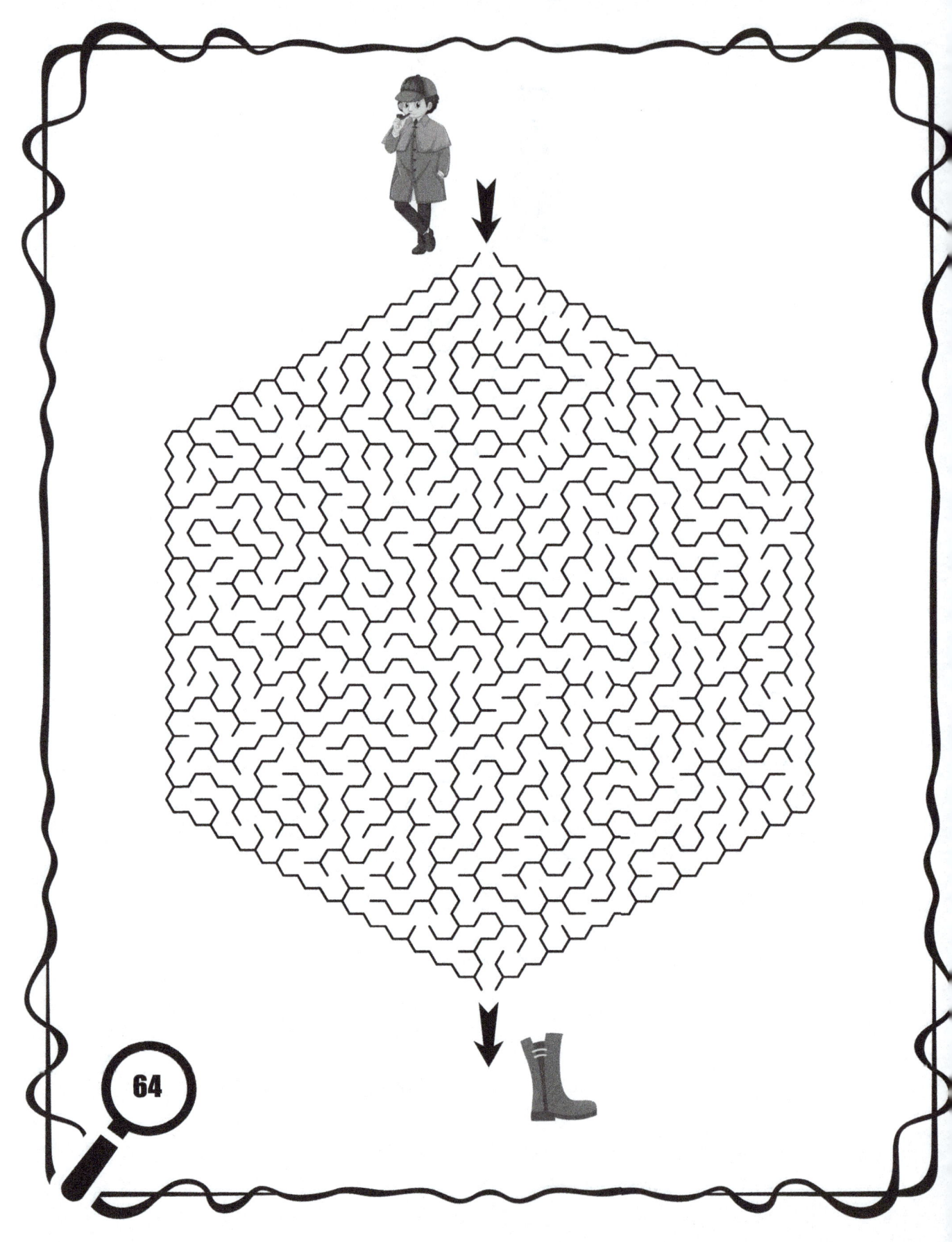

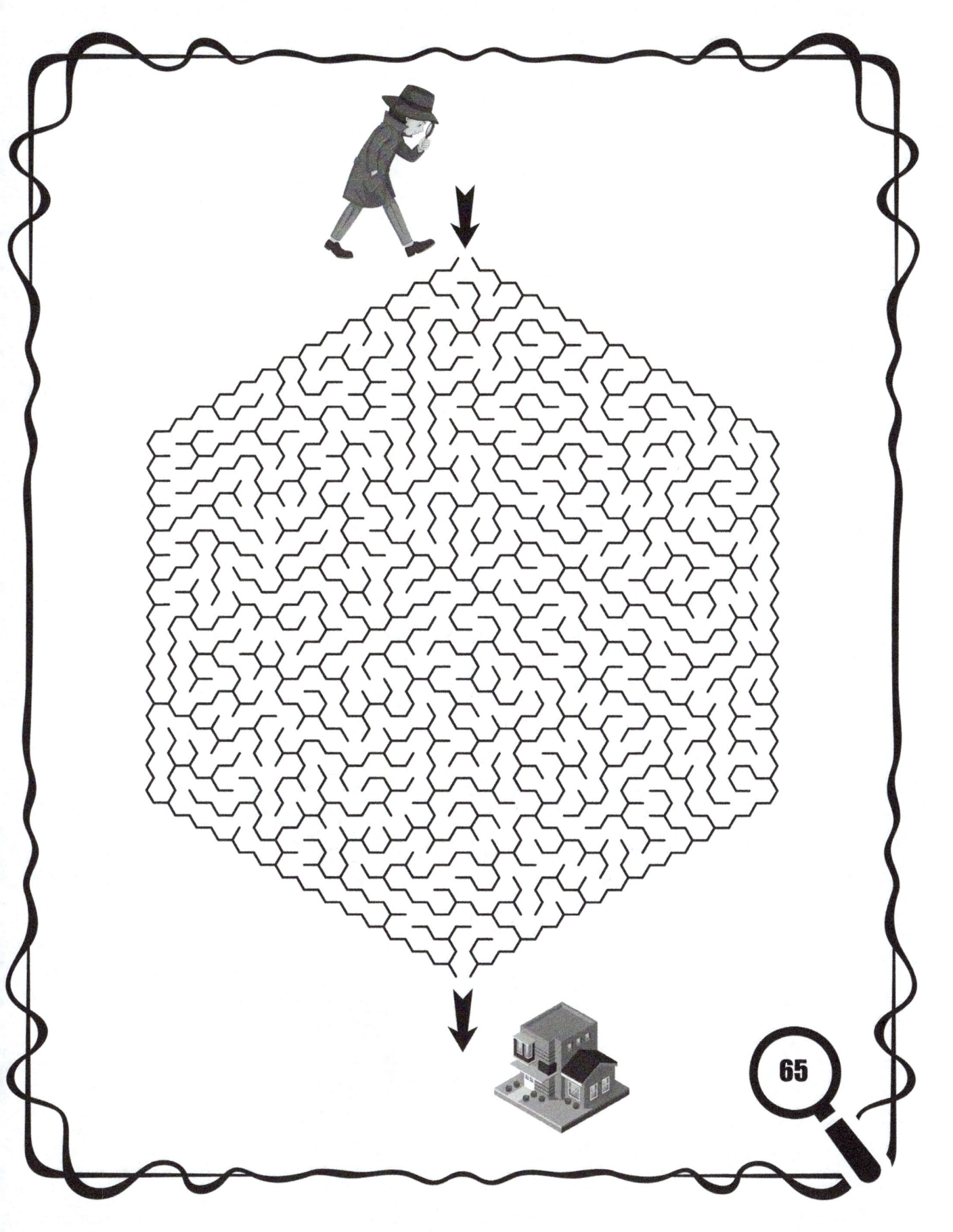

65

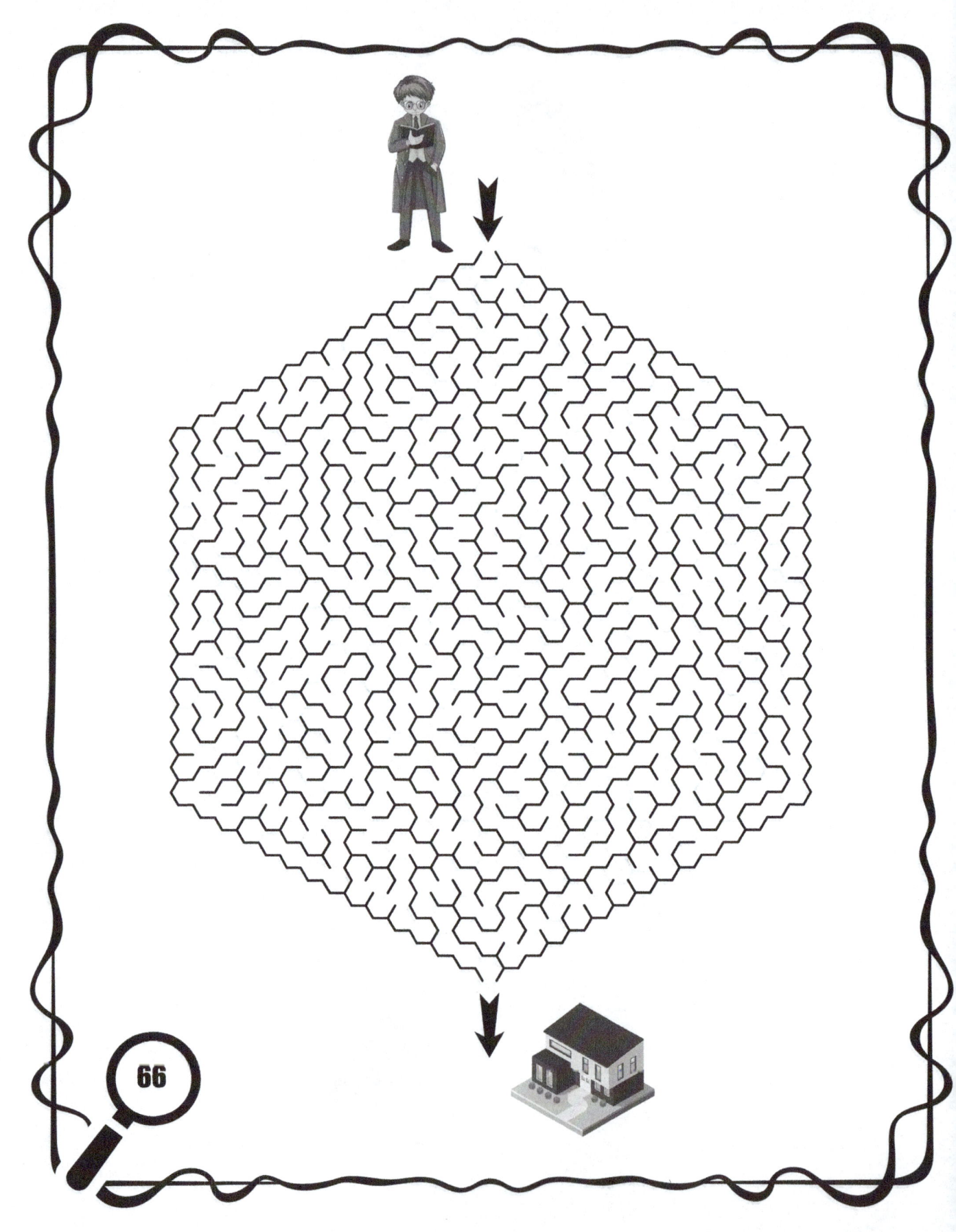

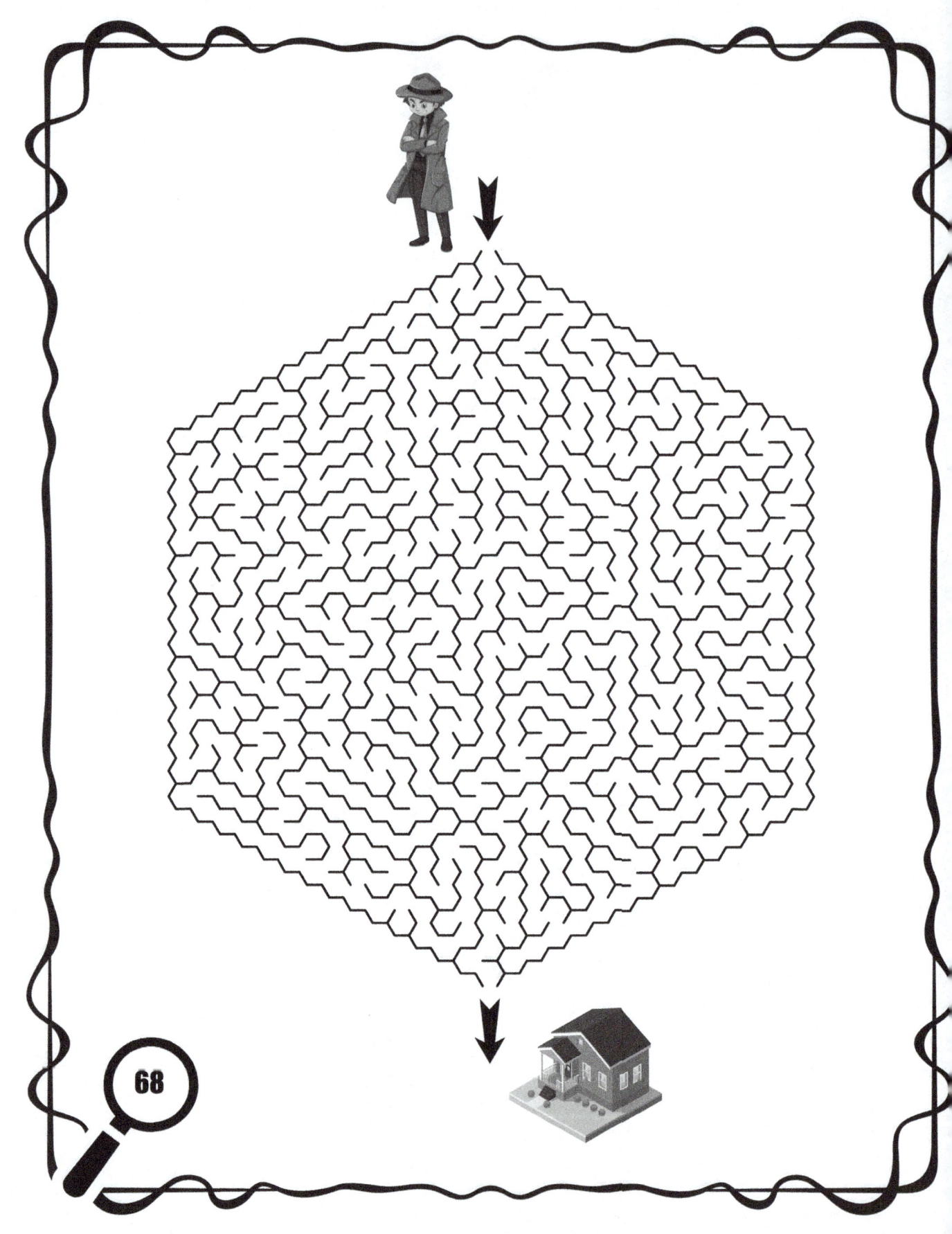

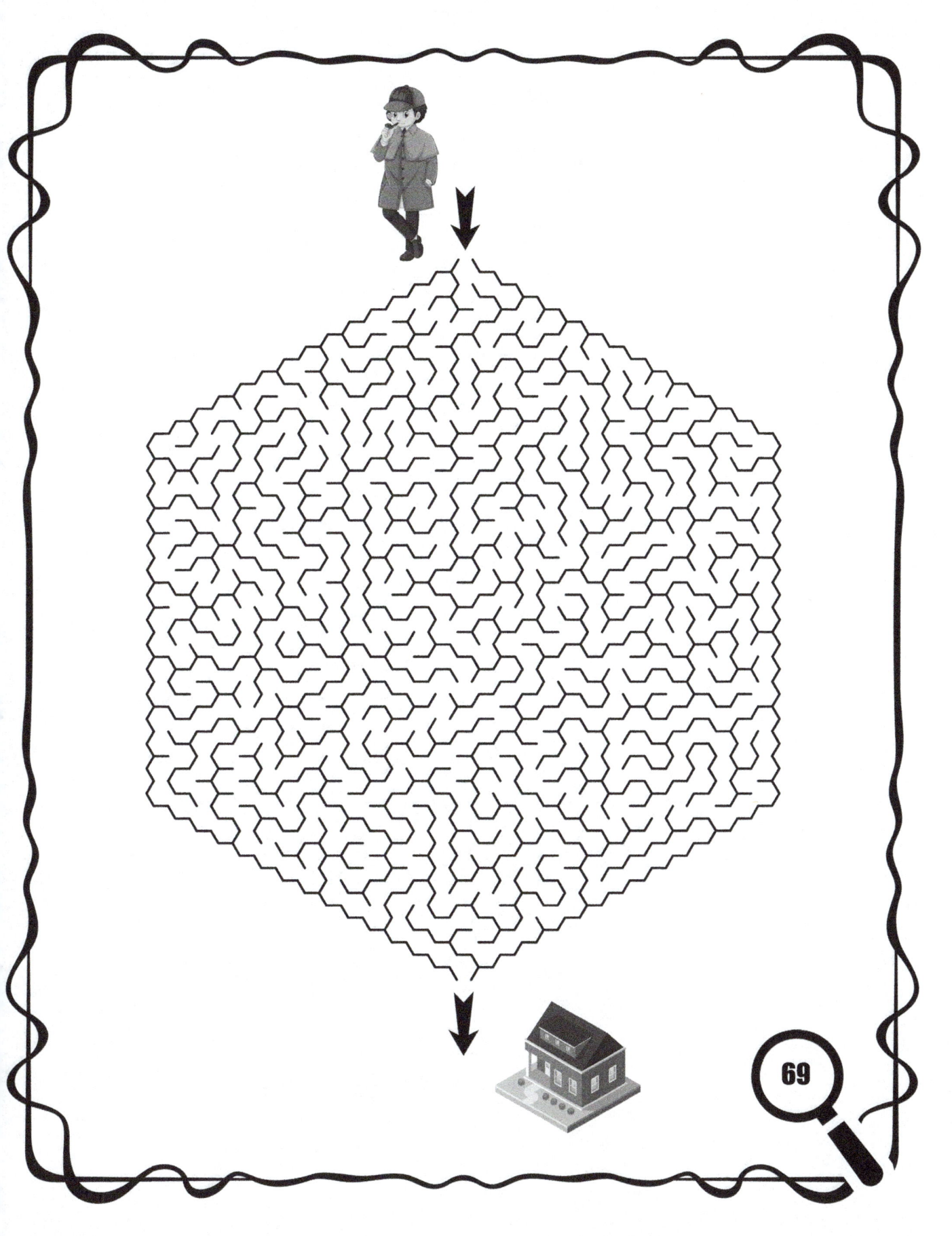

69

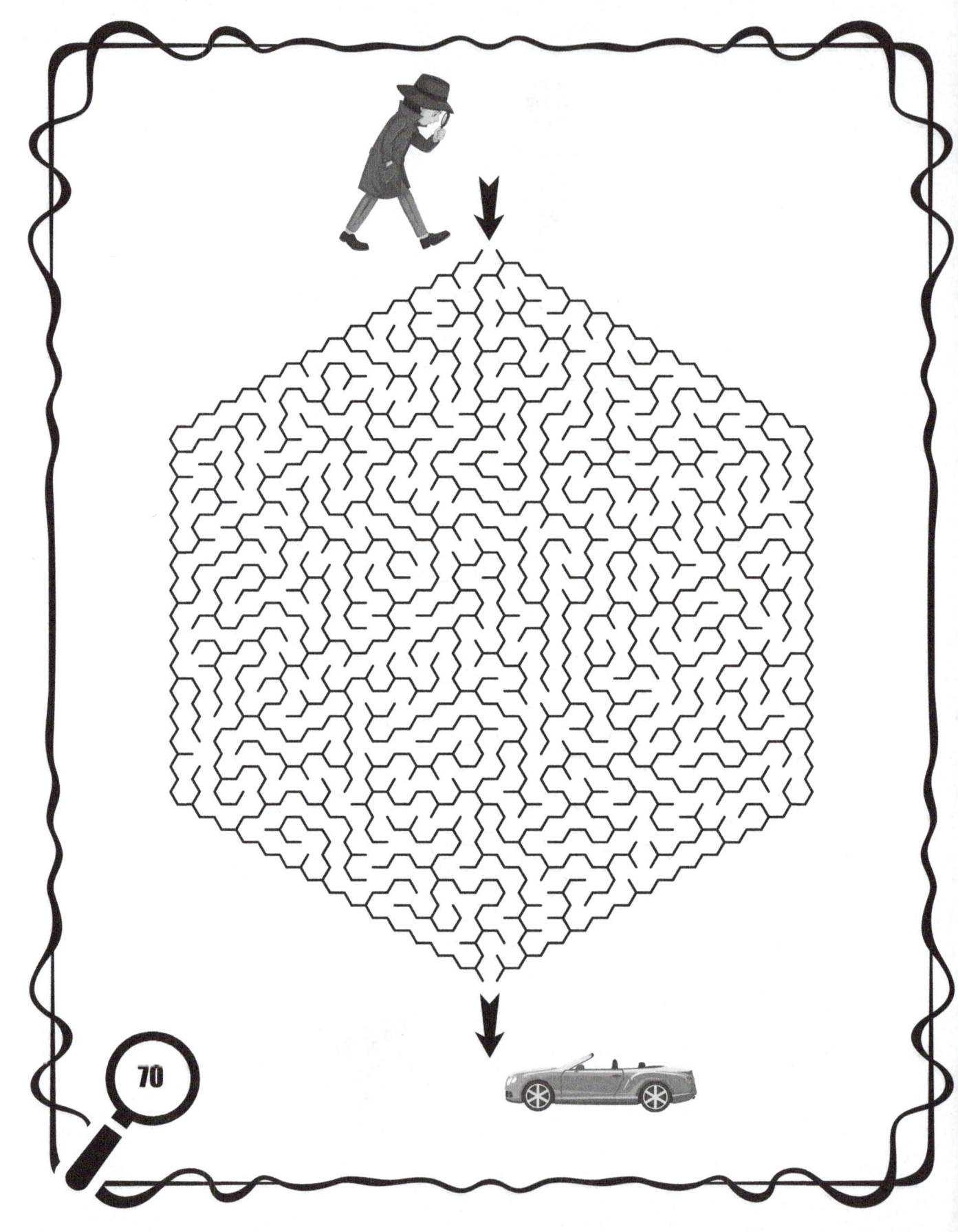

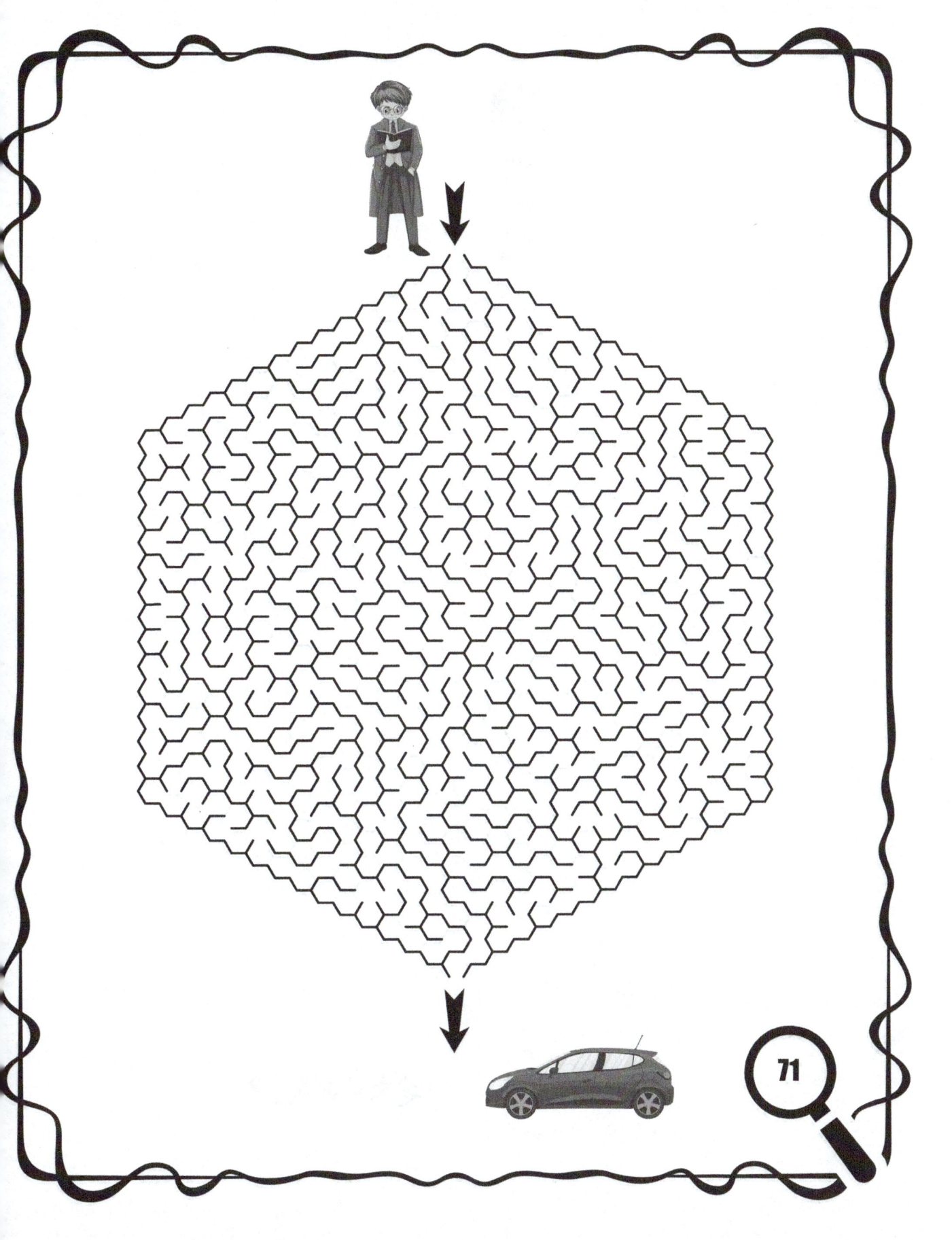

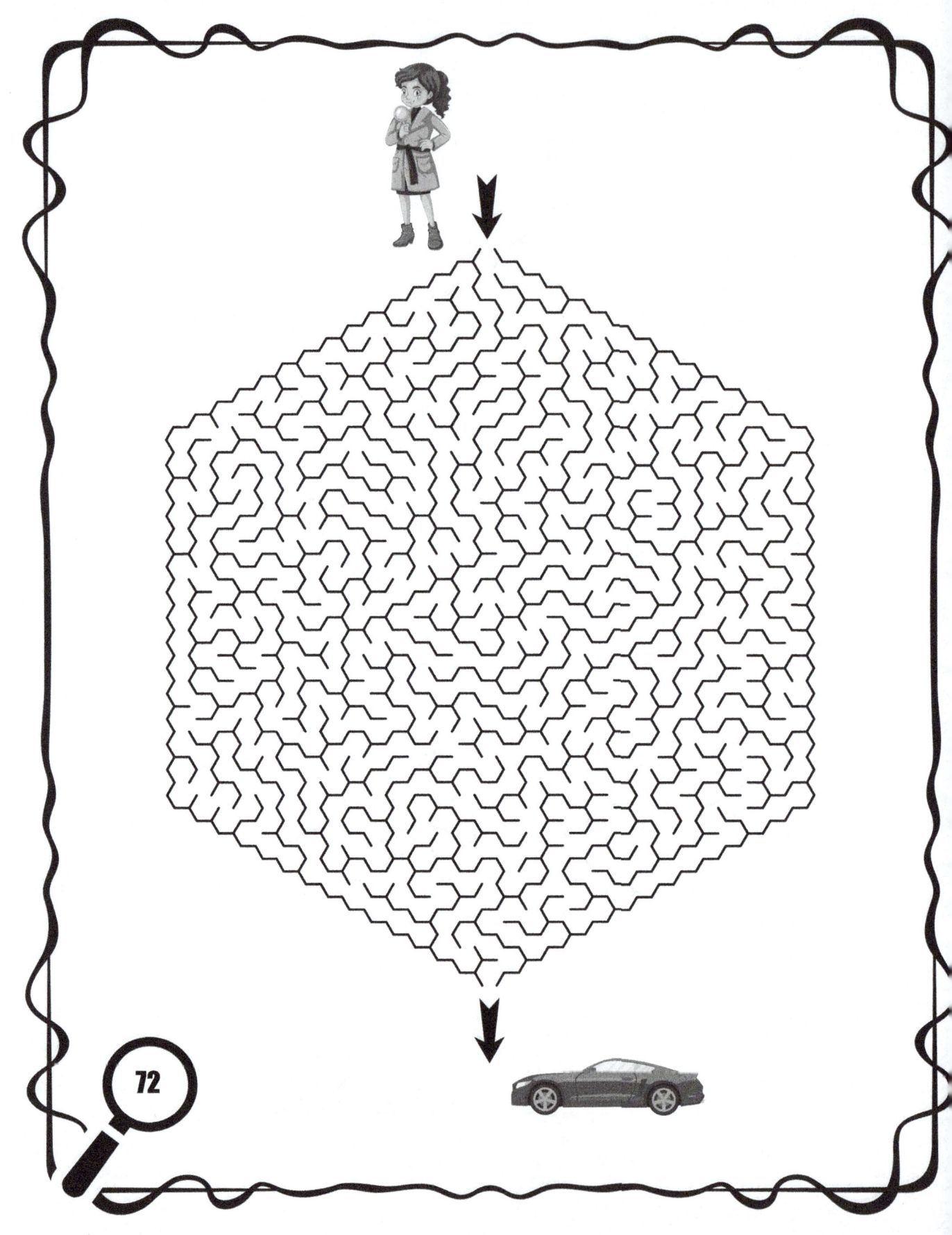

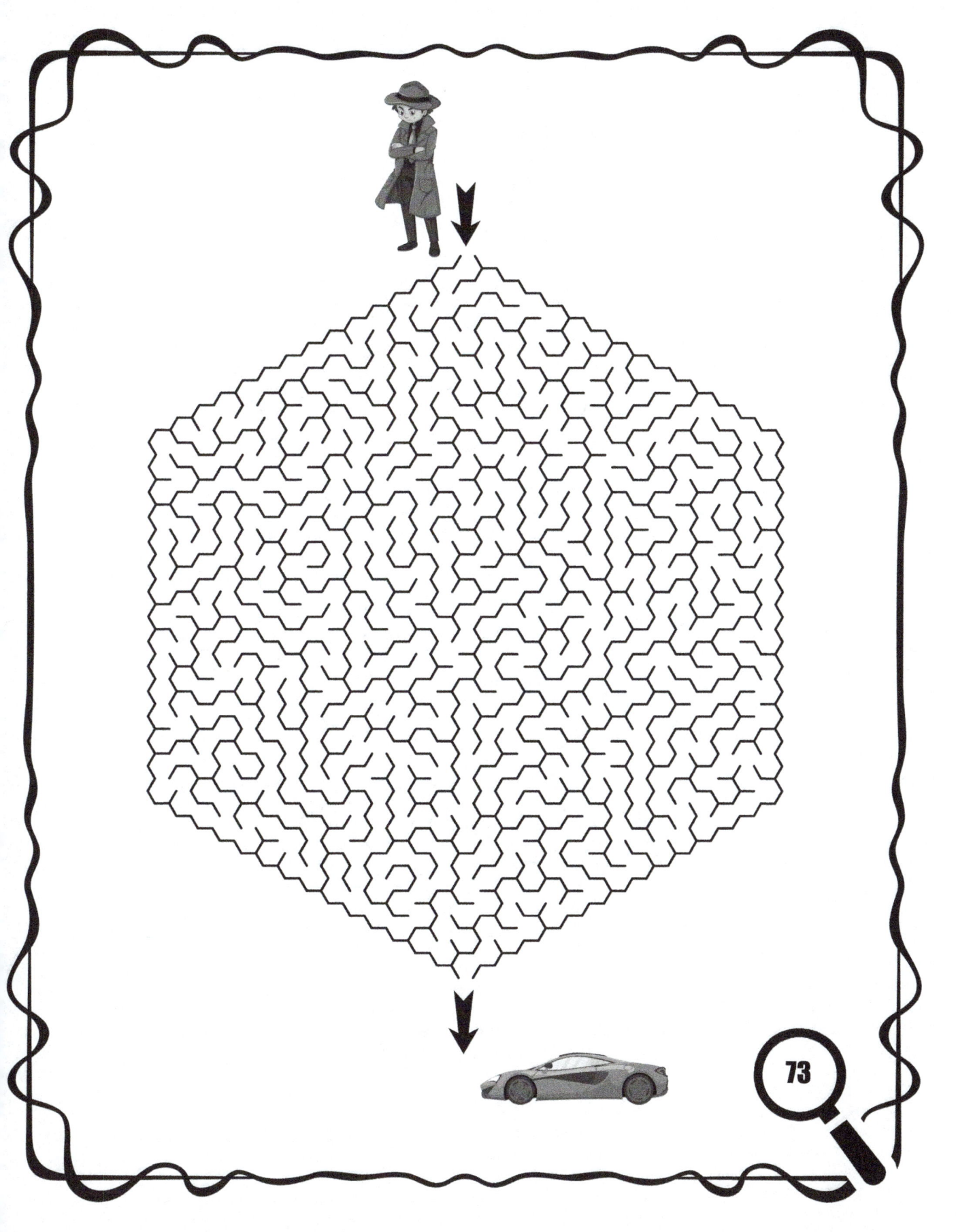

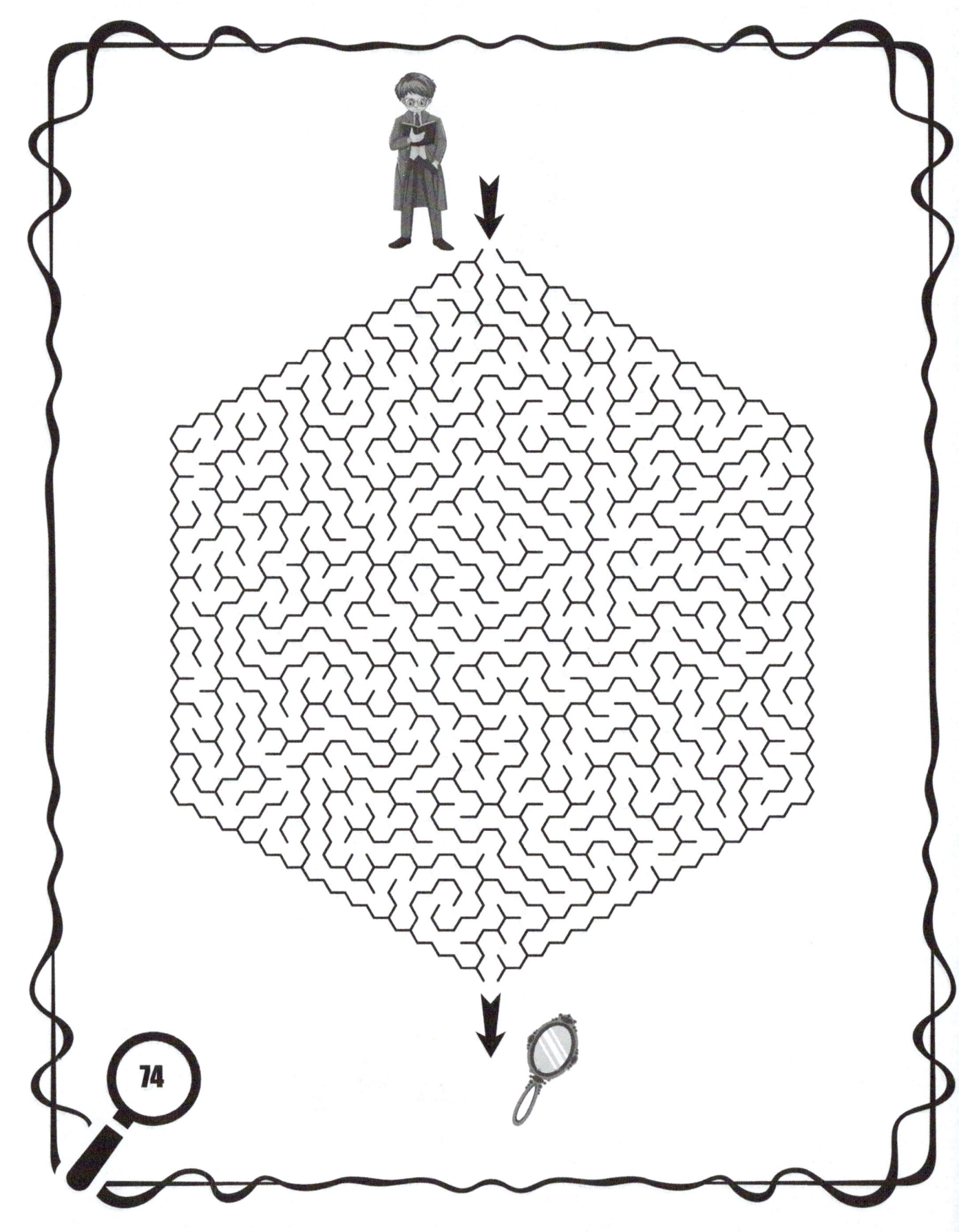

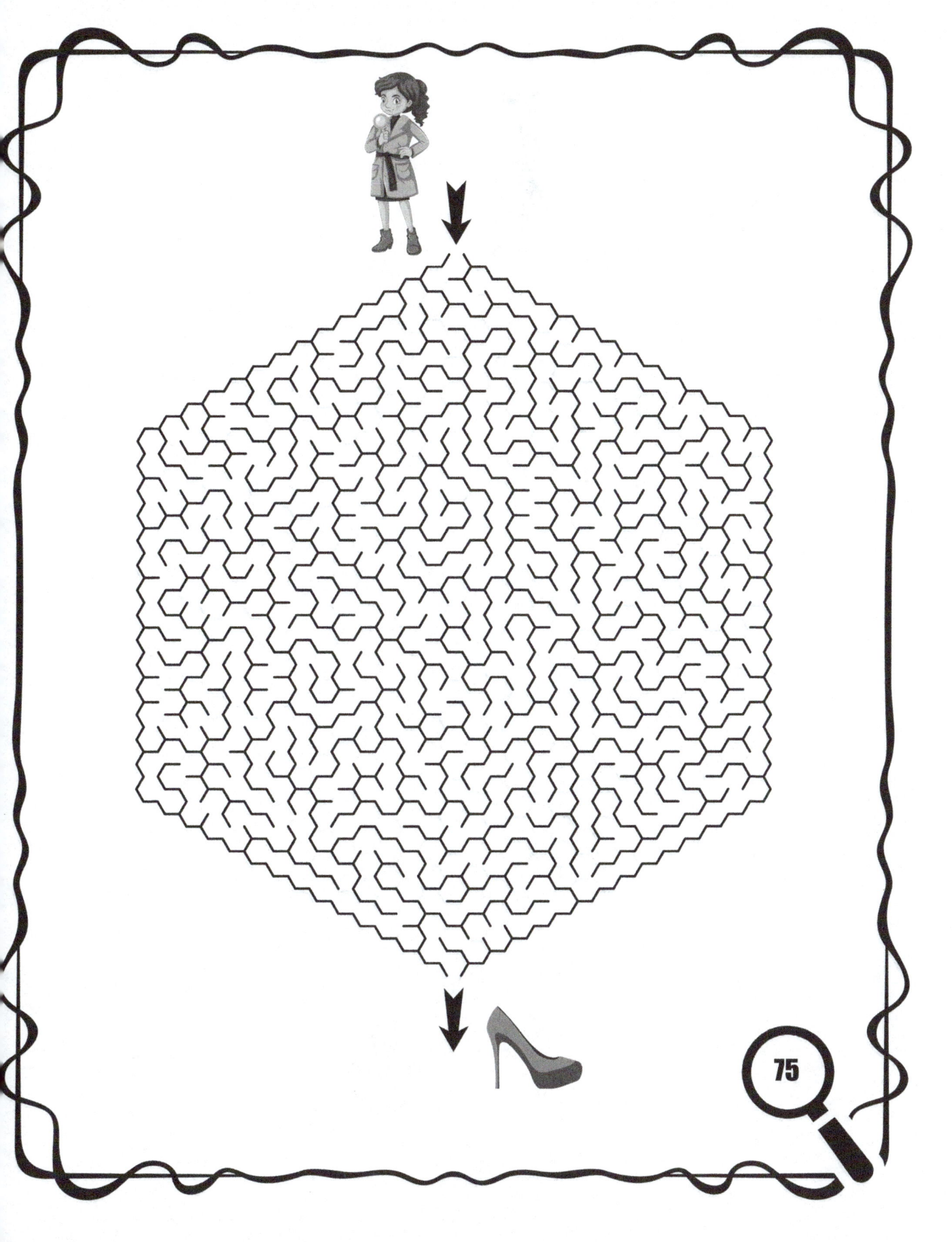

75

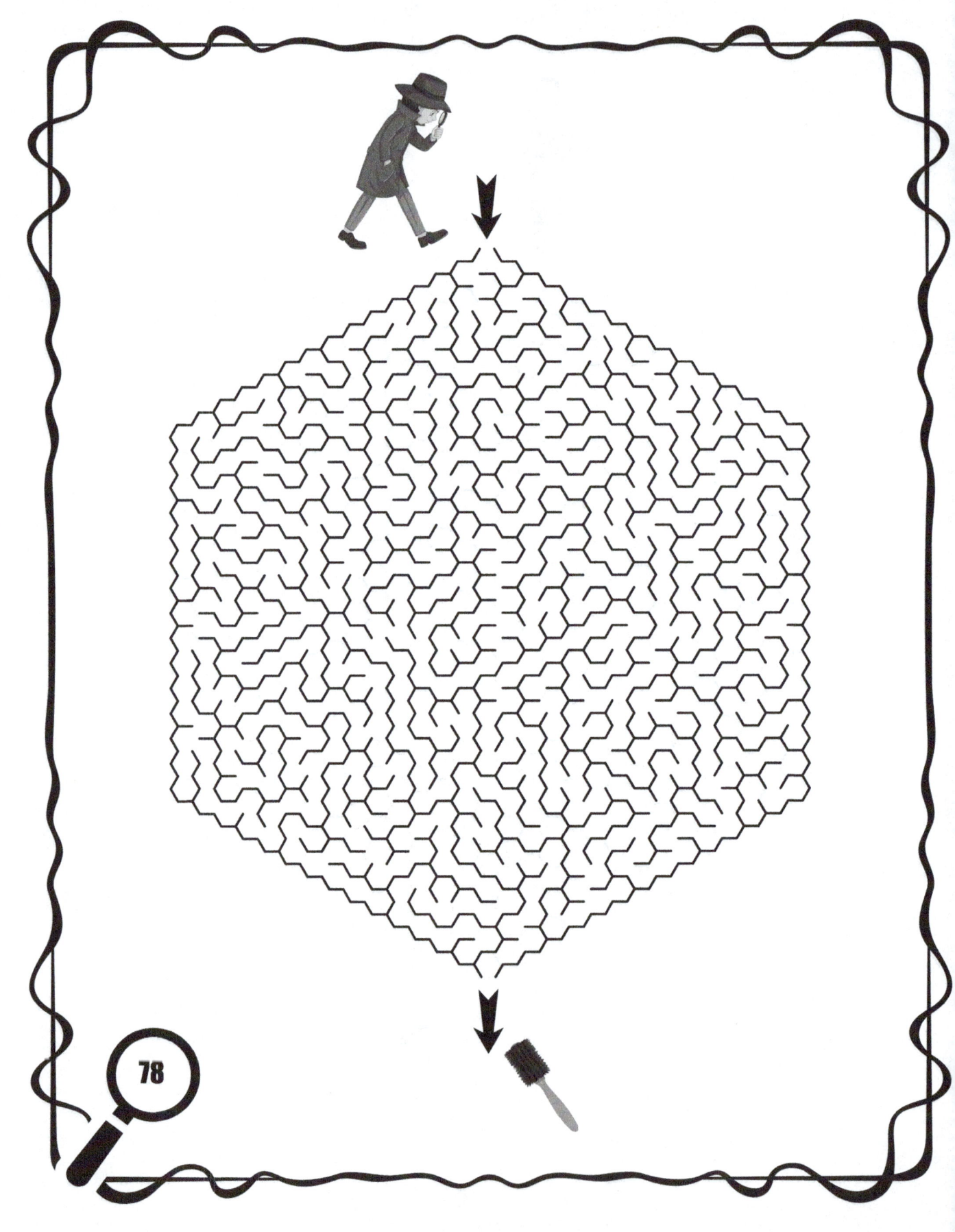

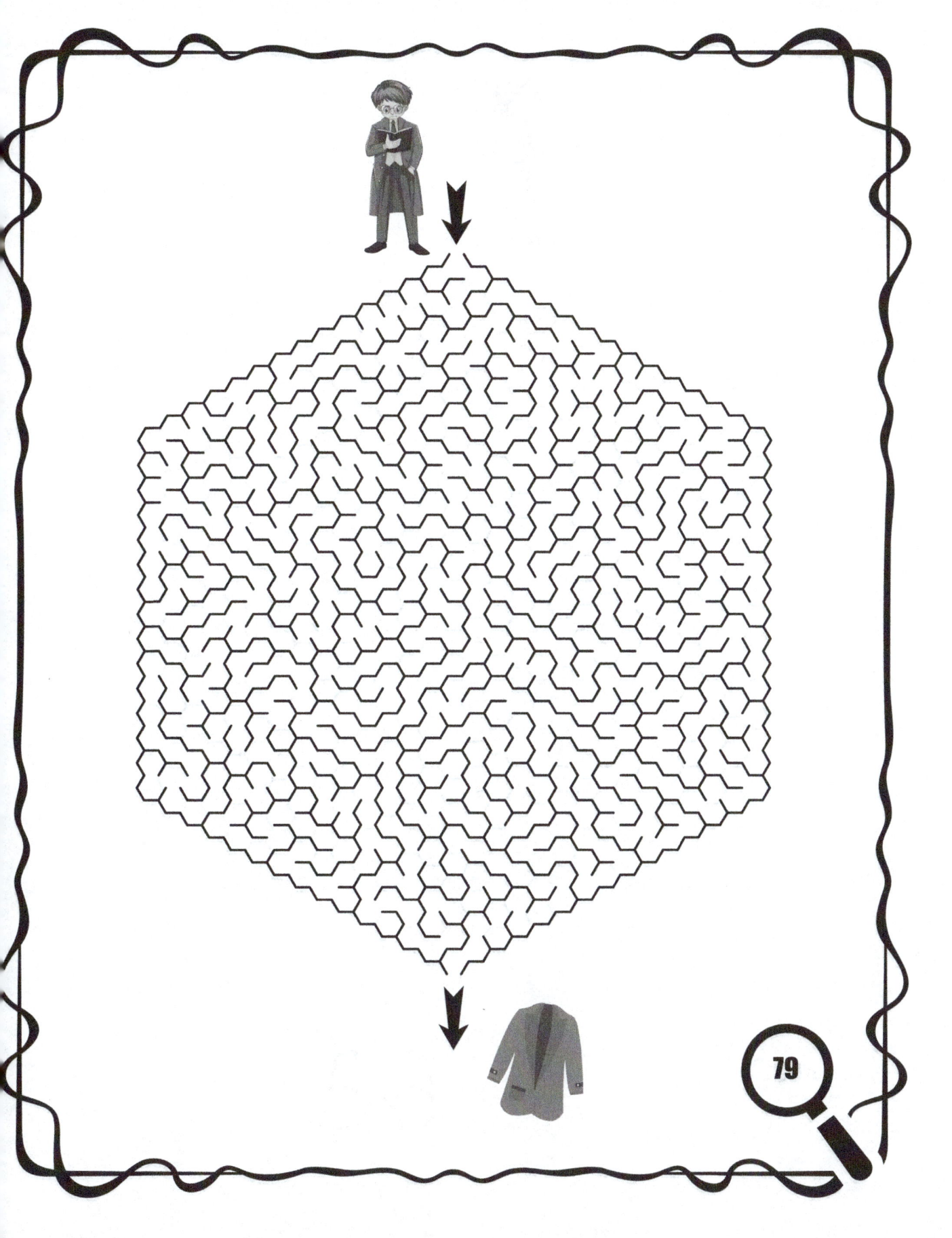

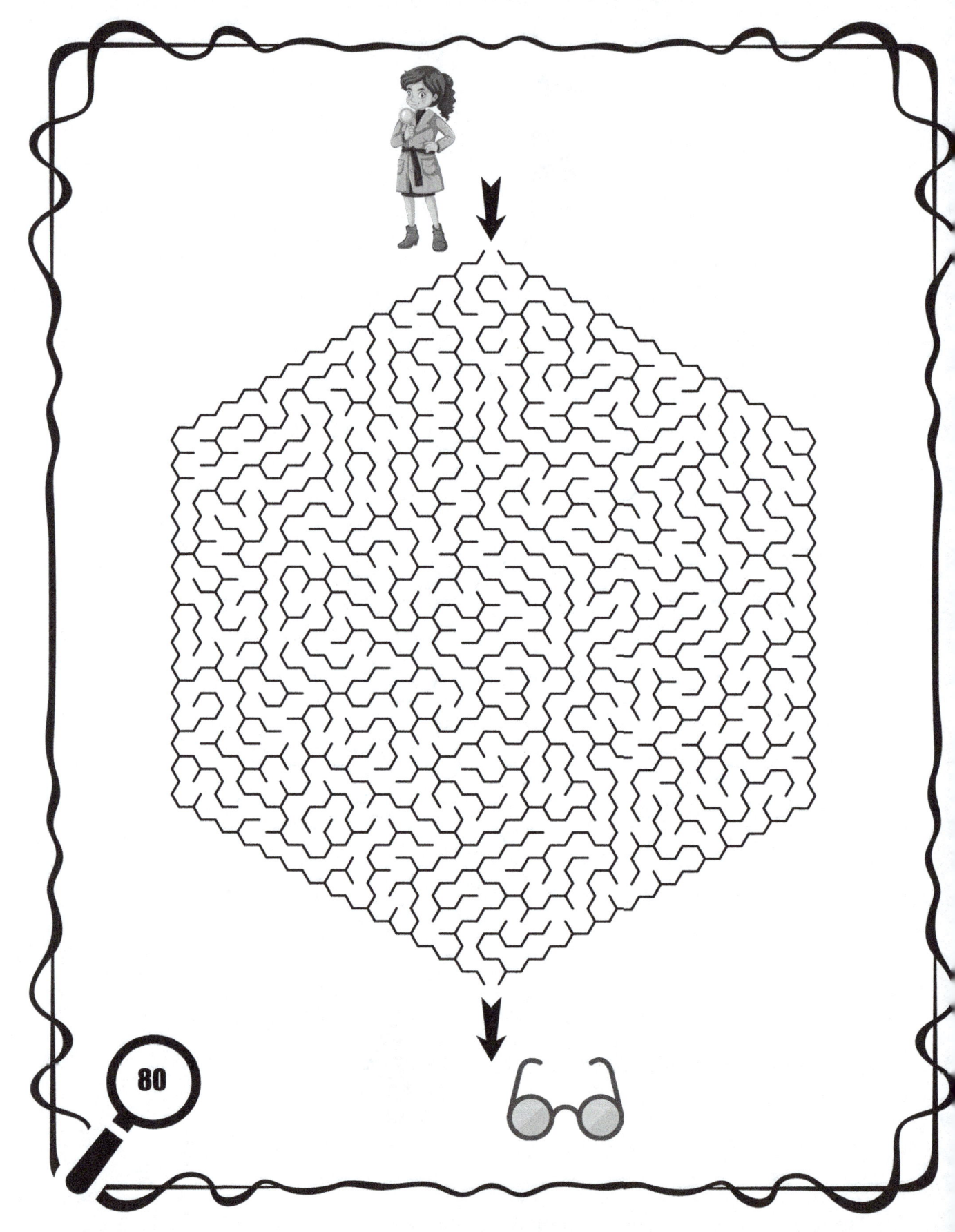

80

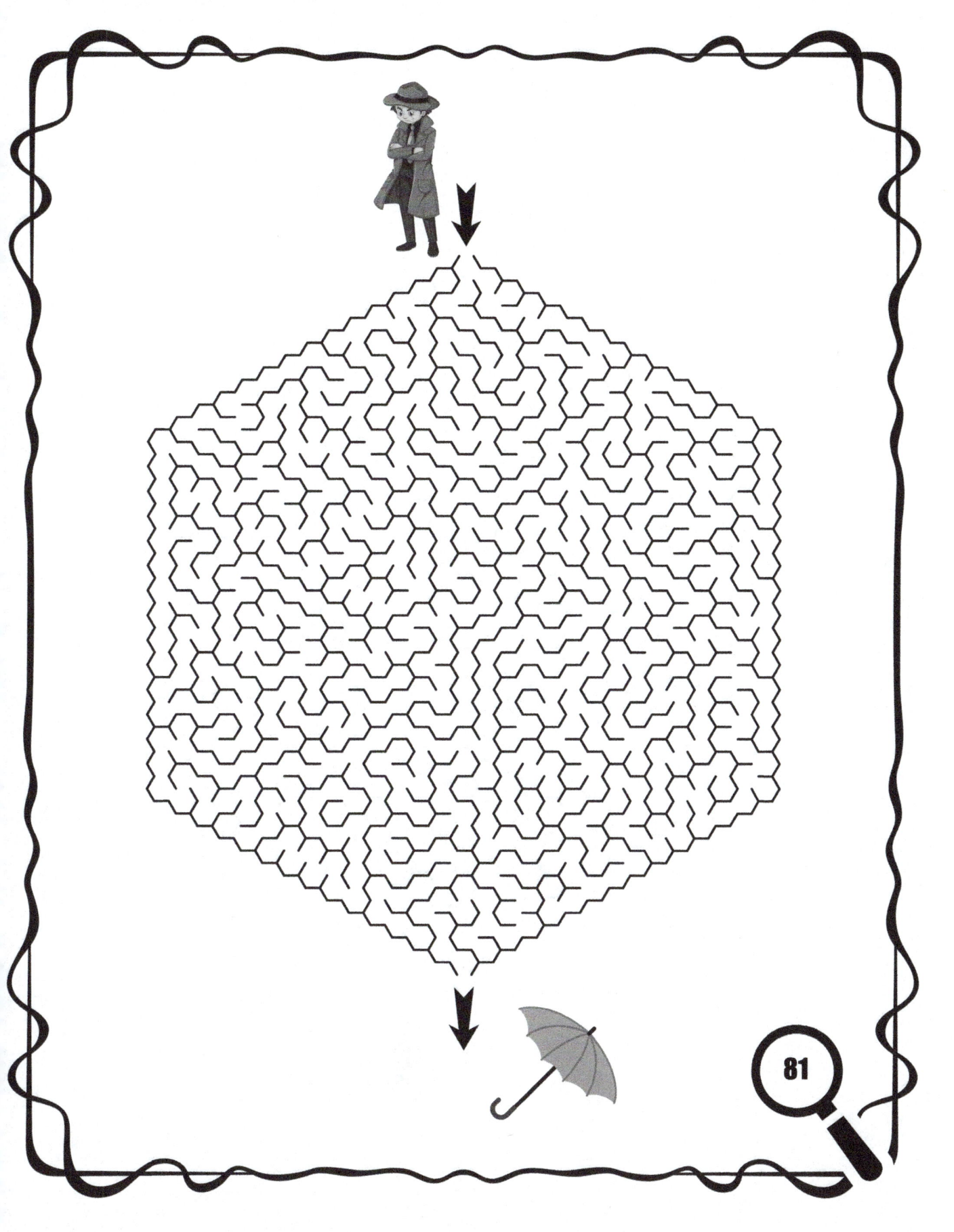

81

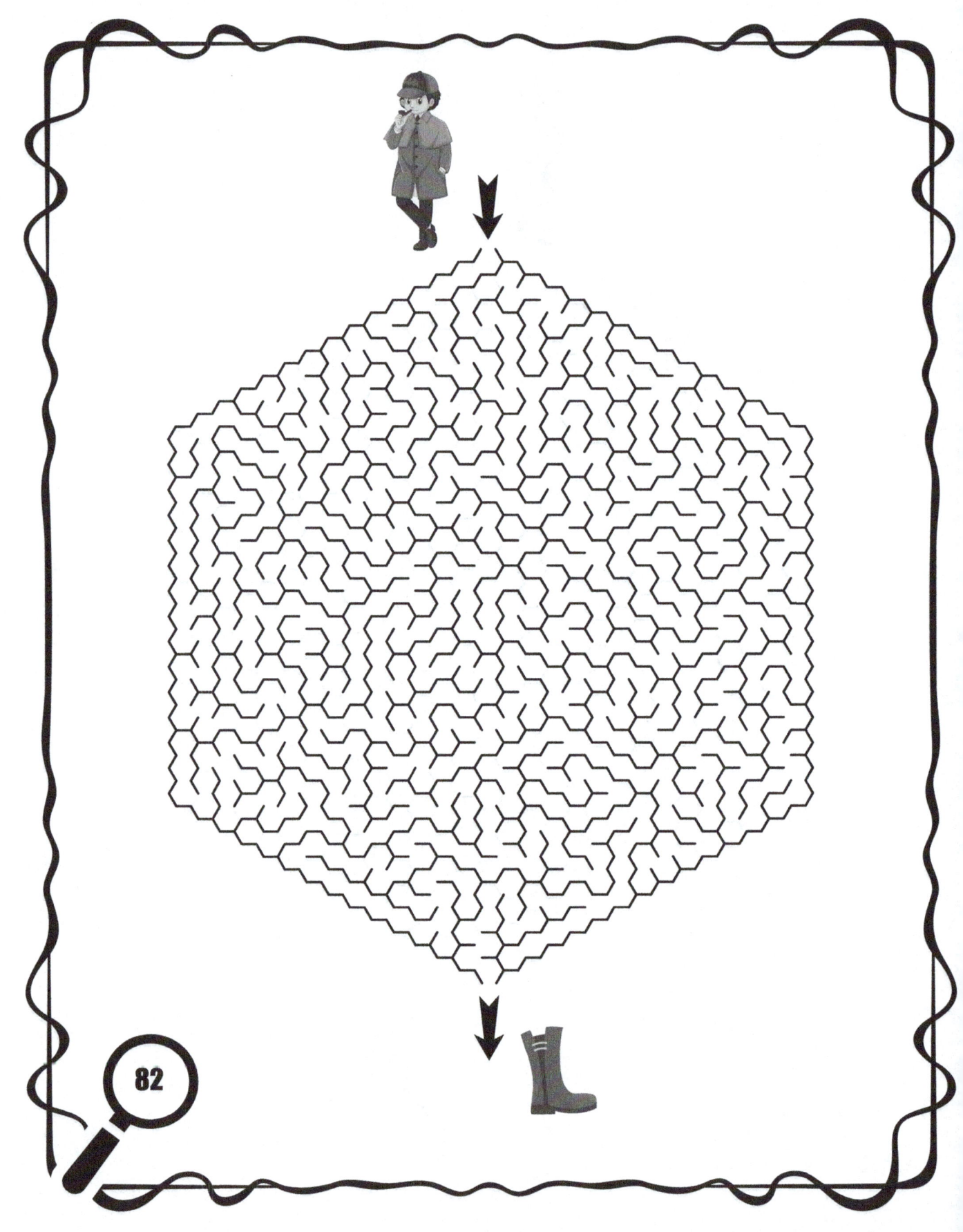

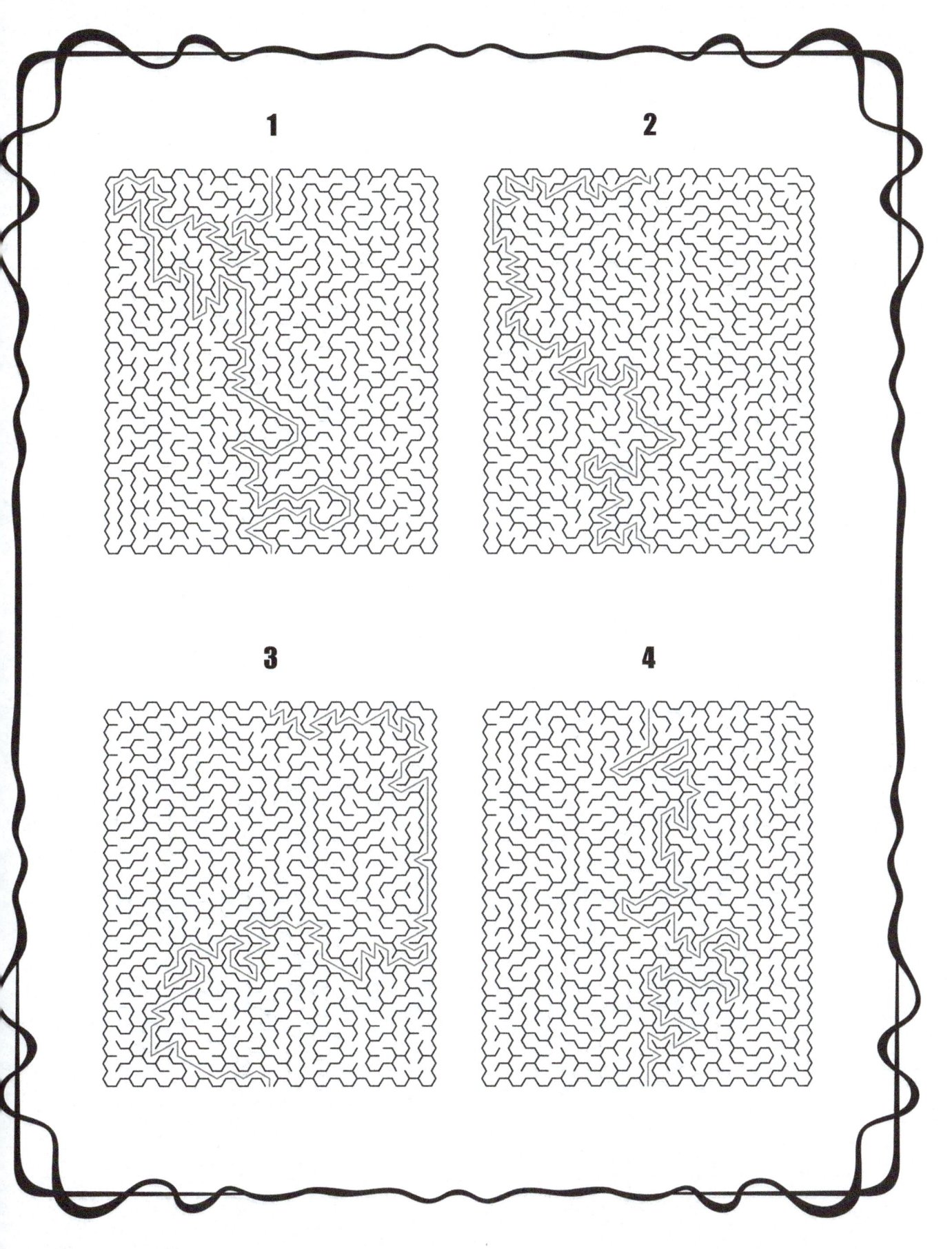

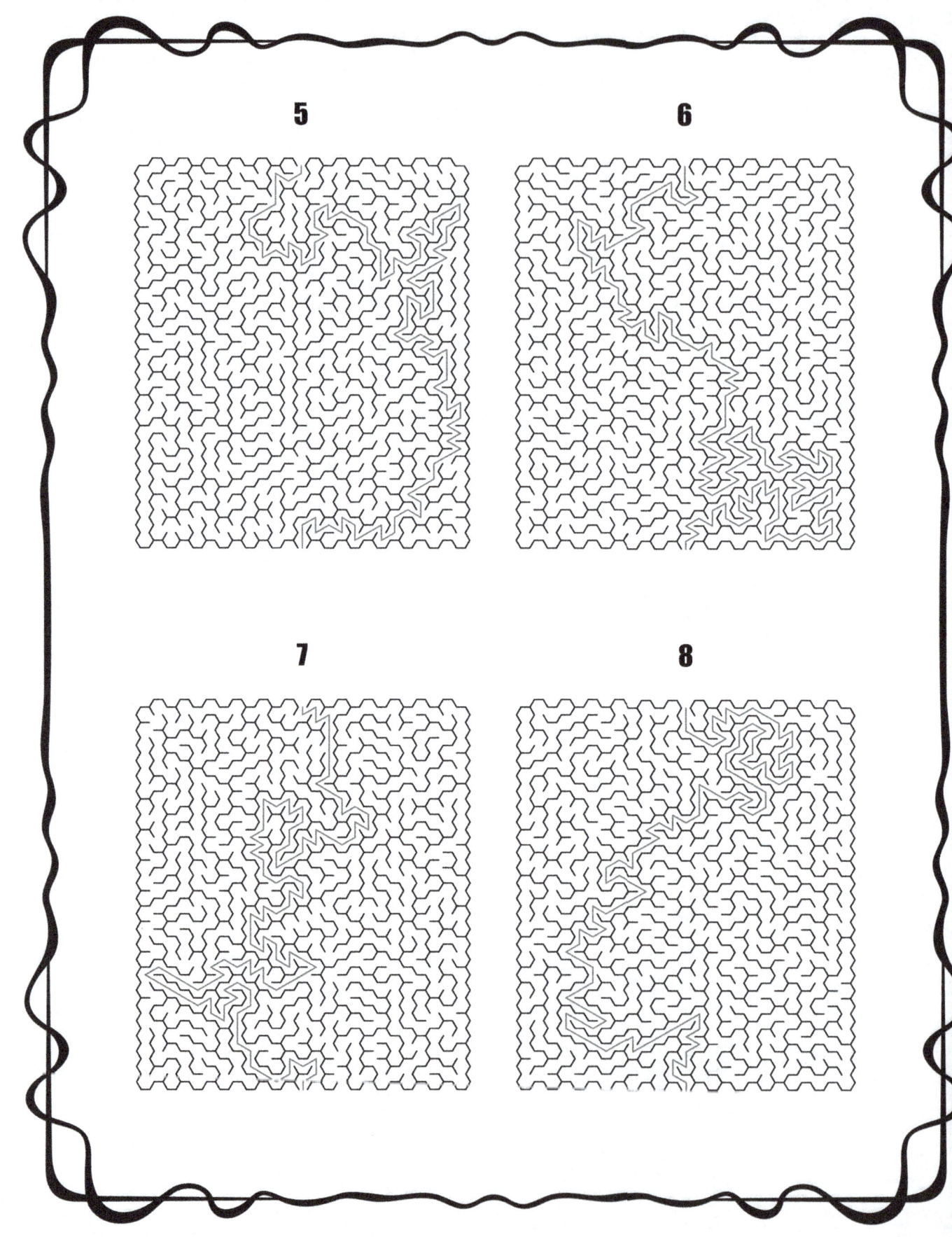

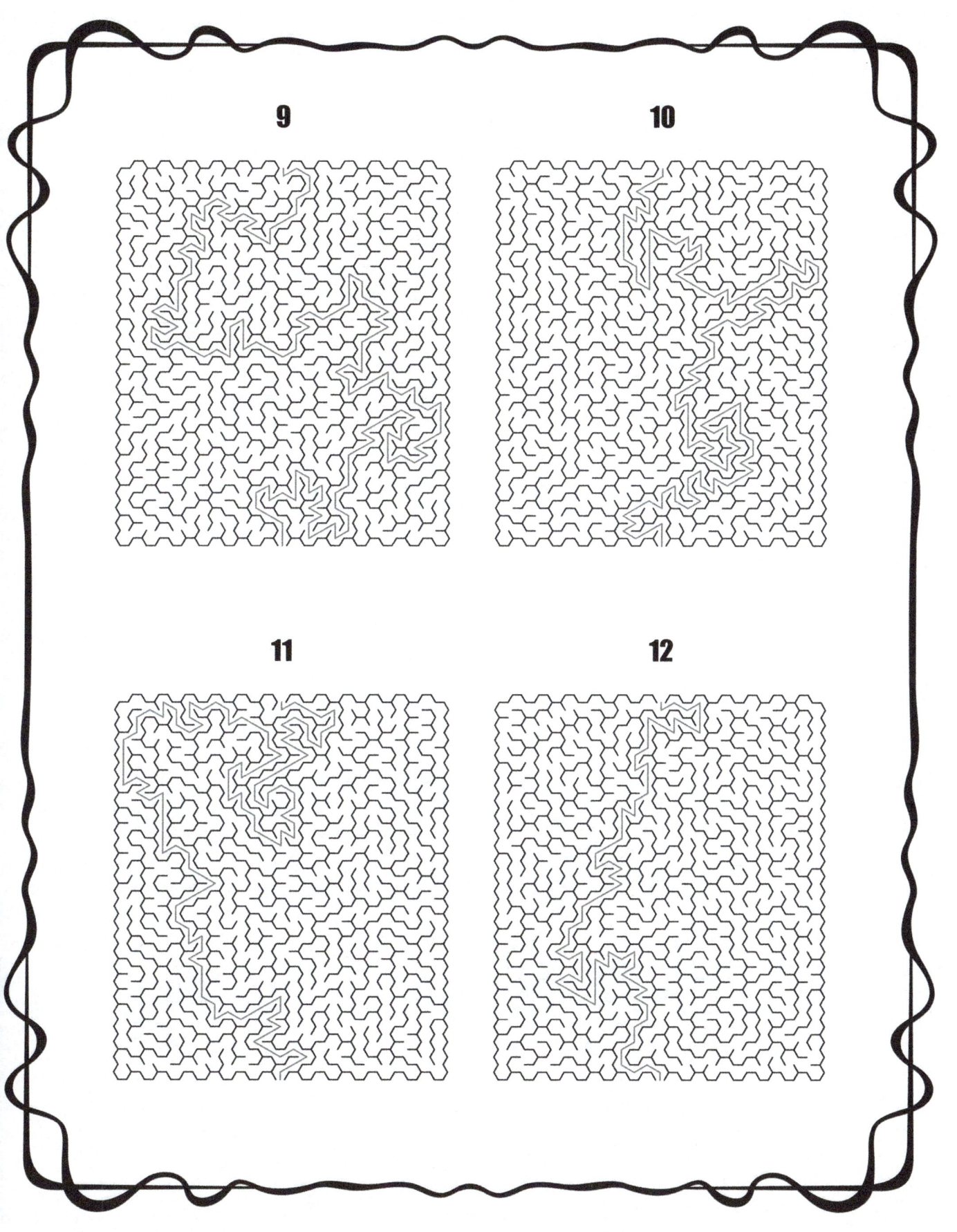

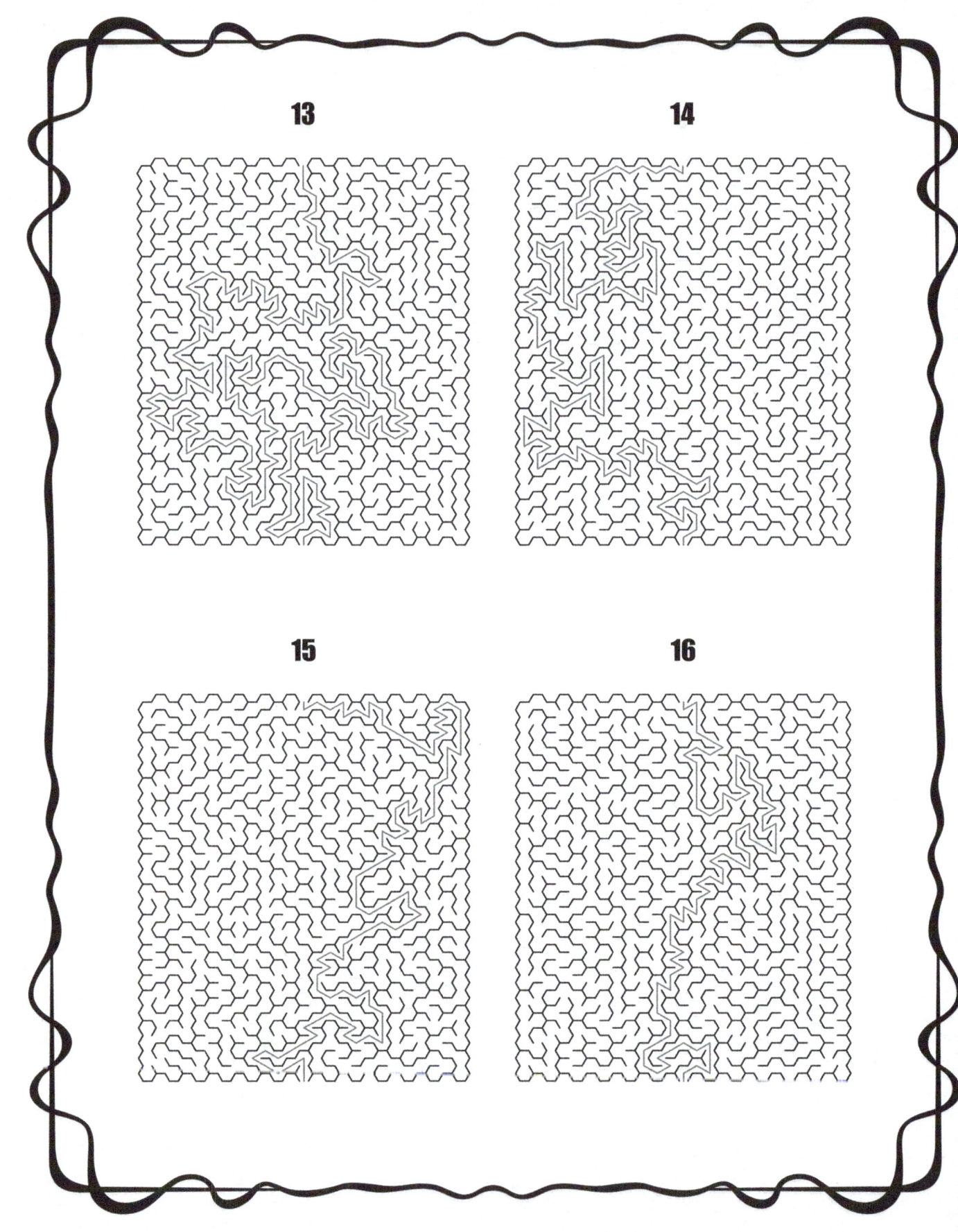

17

18

19

20

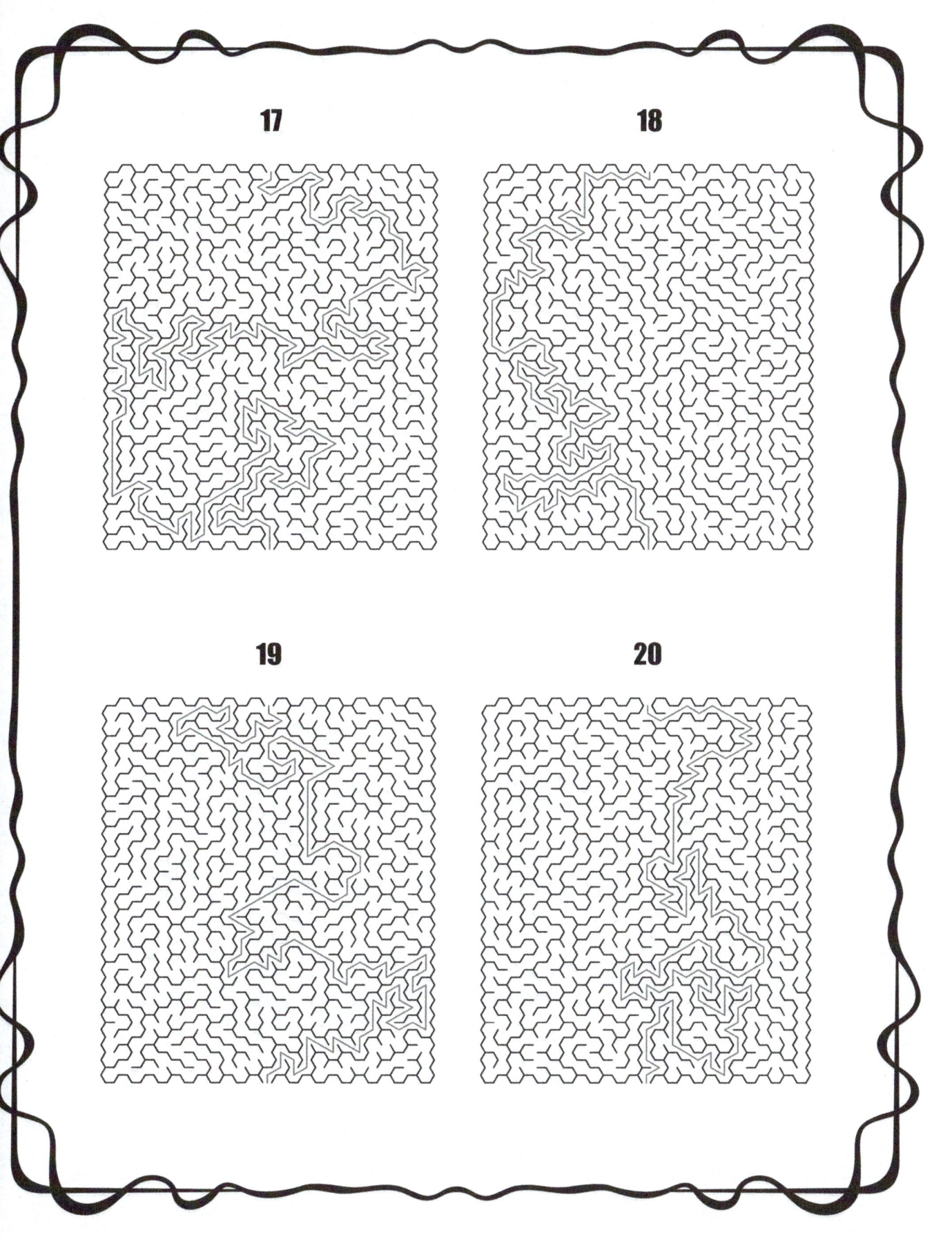

21

22

23

24

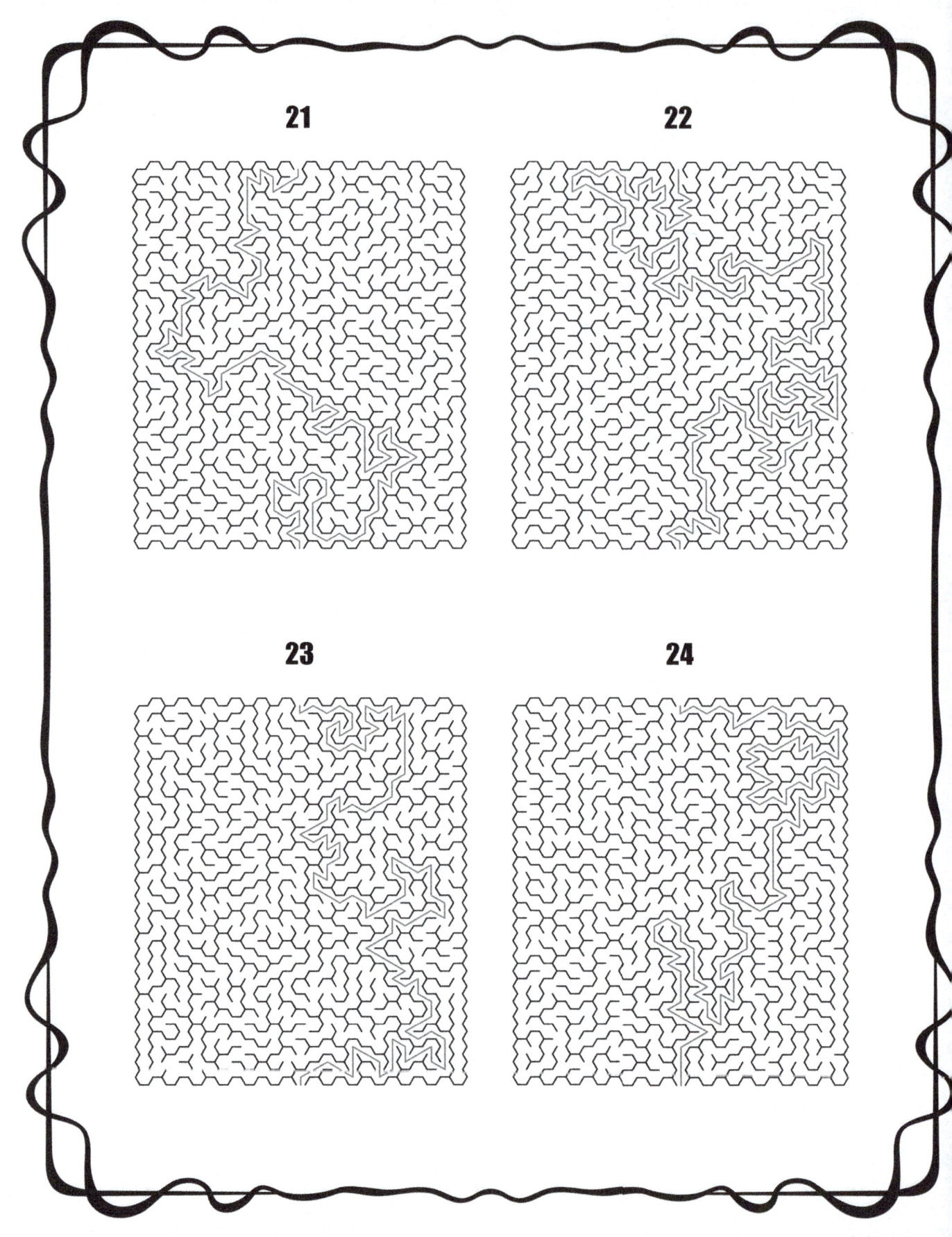

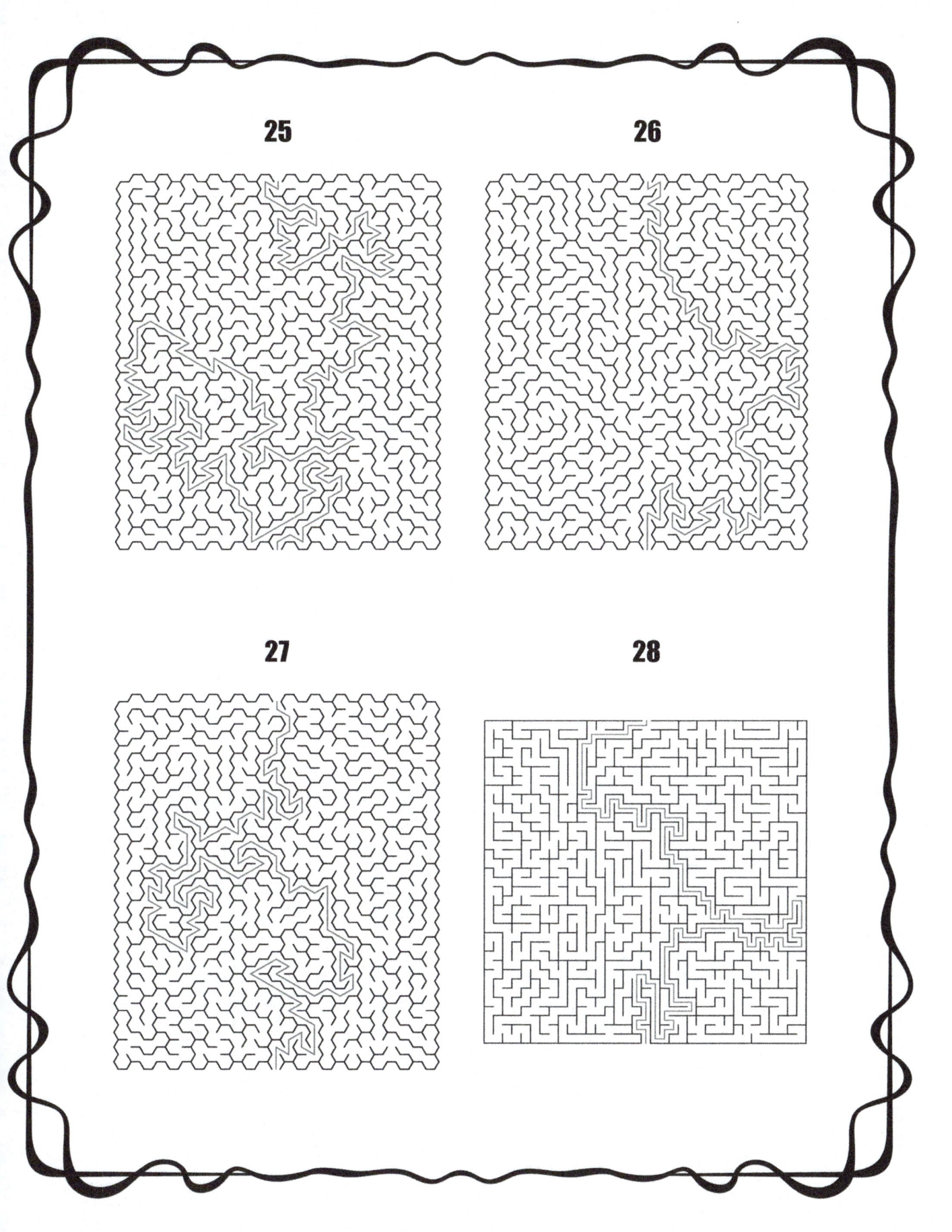

25

26

27

28

29

30

31

32

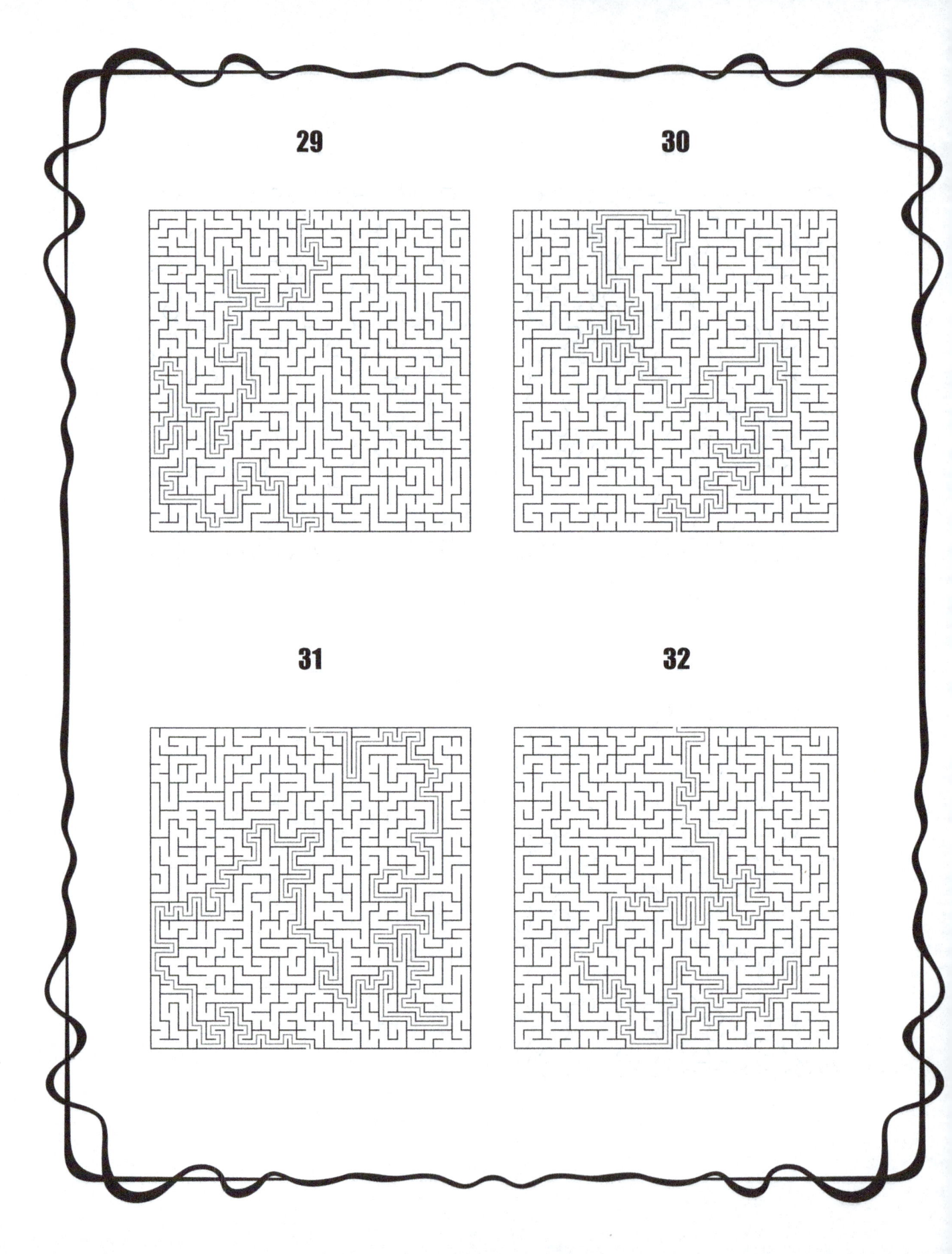

33

34

35

36

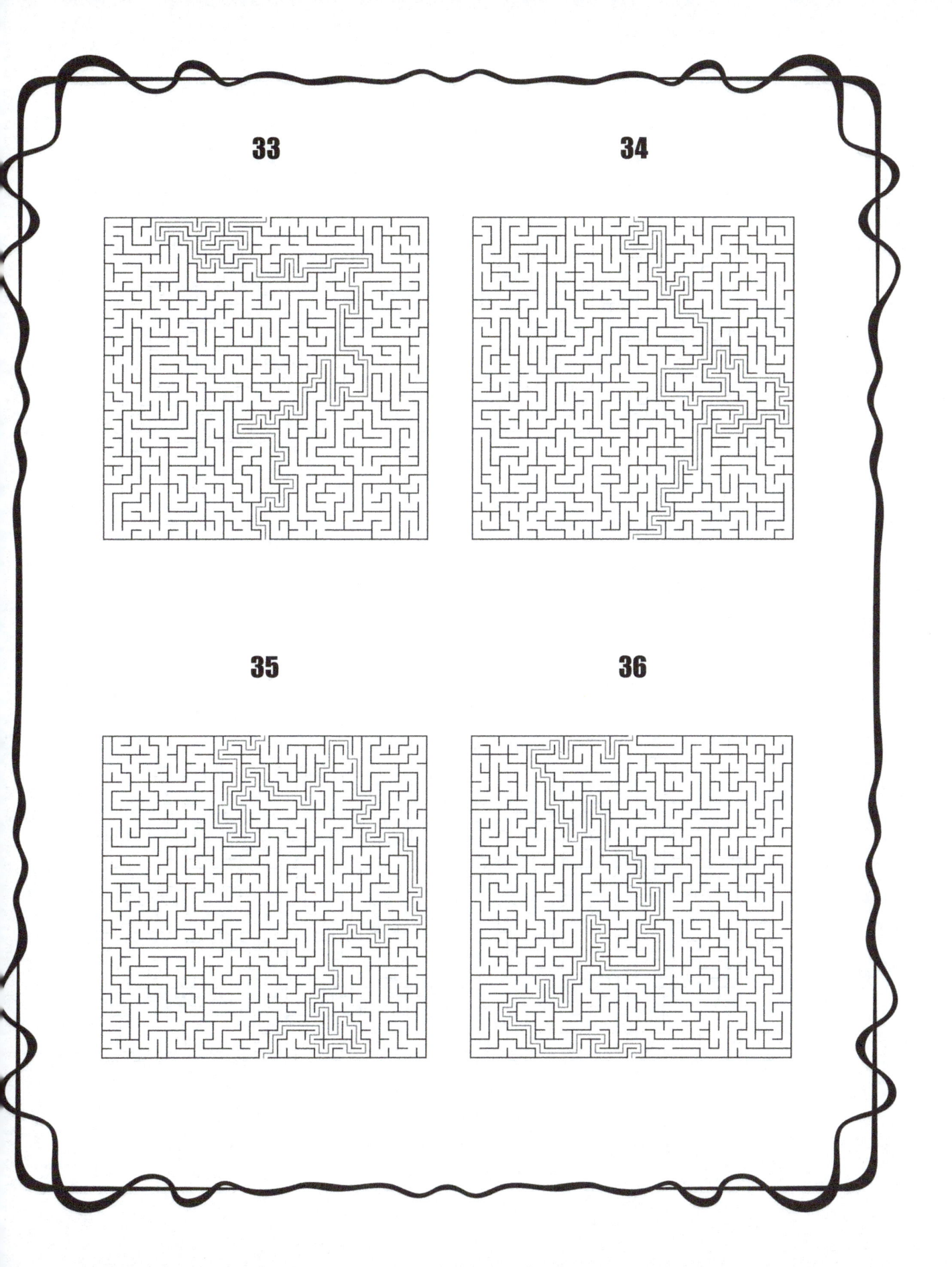

37

38

39

40

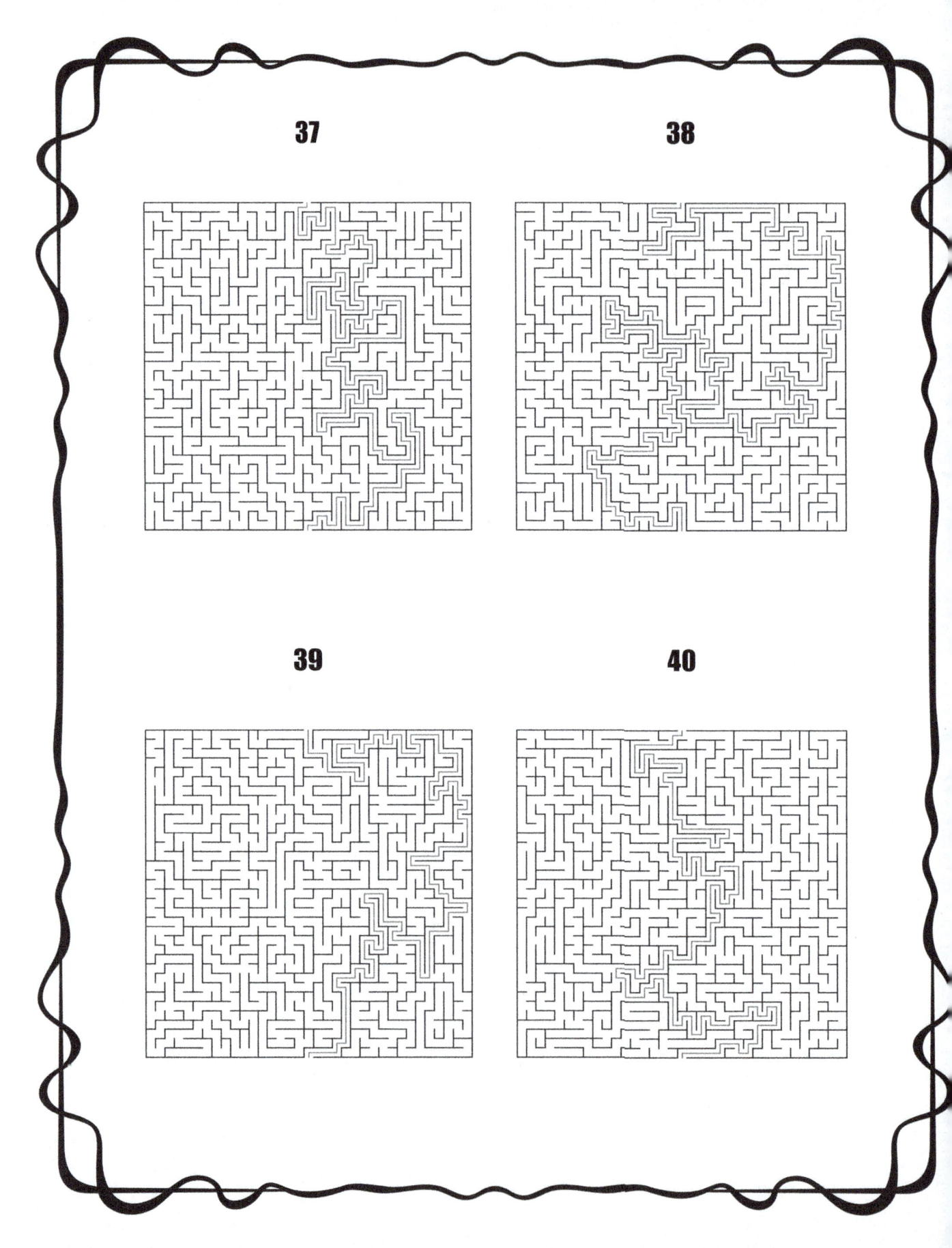

41

42

43

44

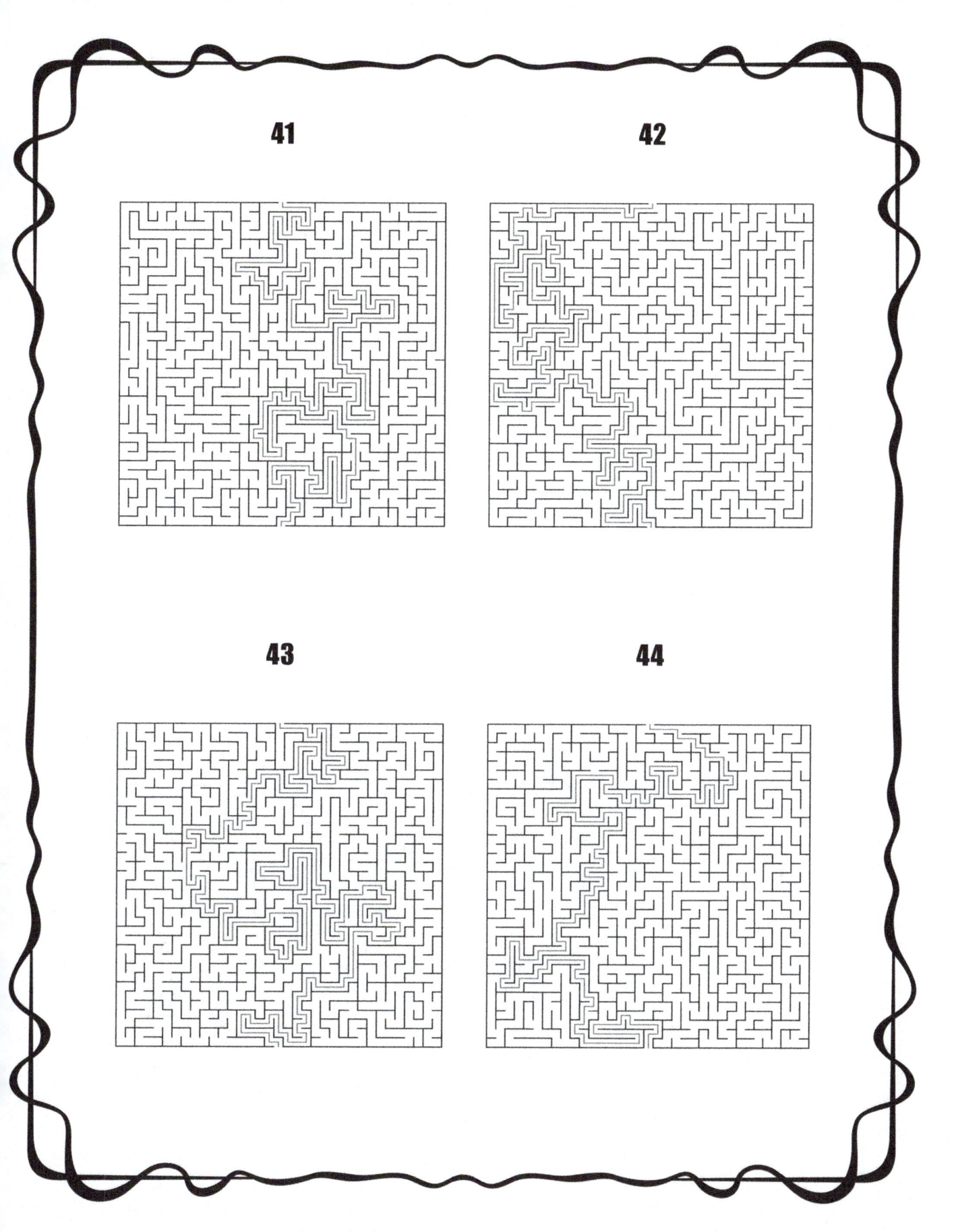

45

46

47

48

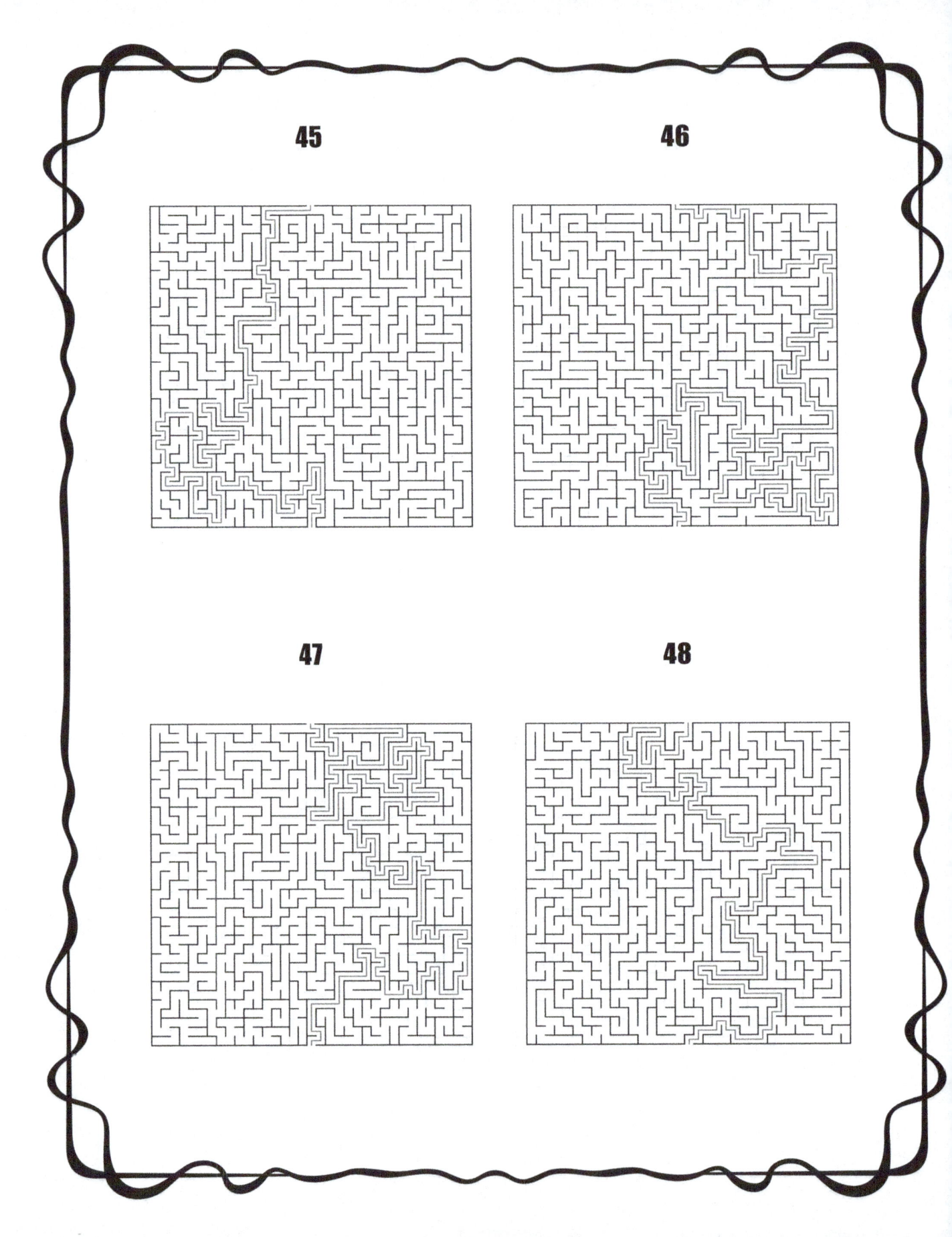

49

50

51

52

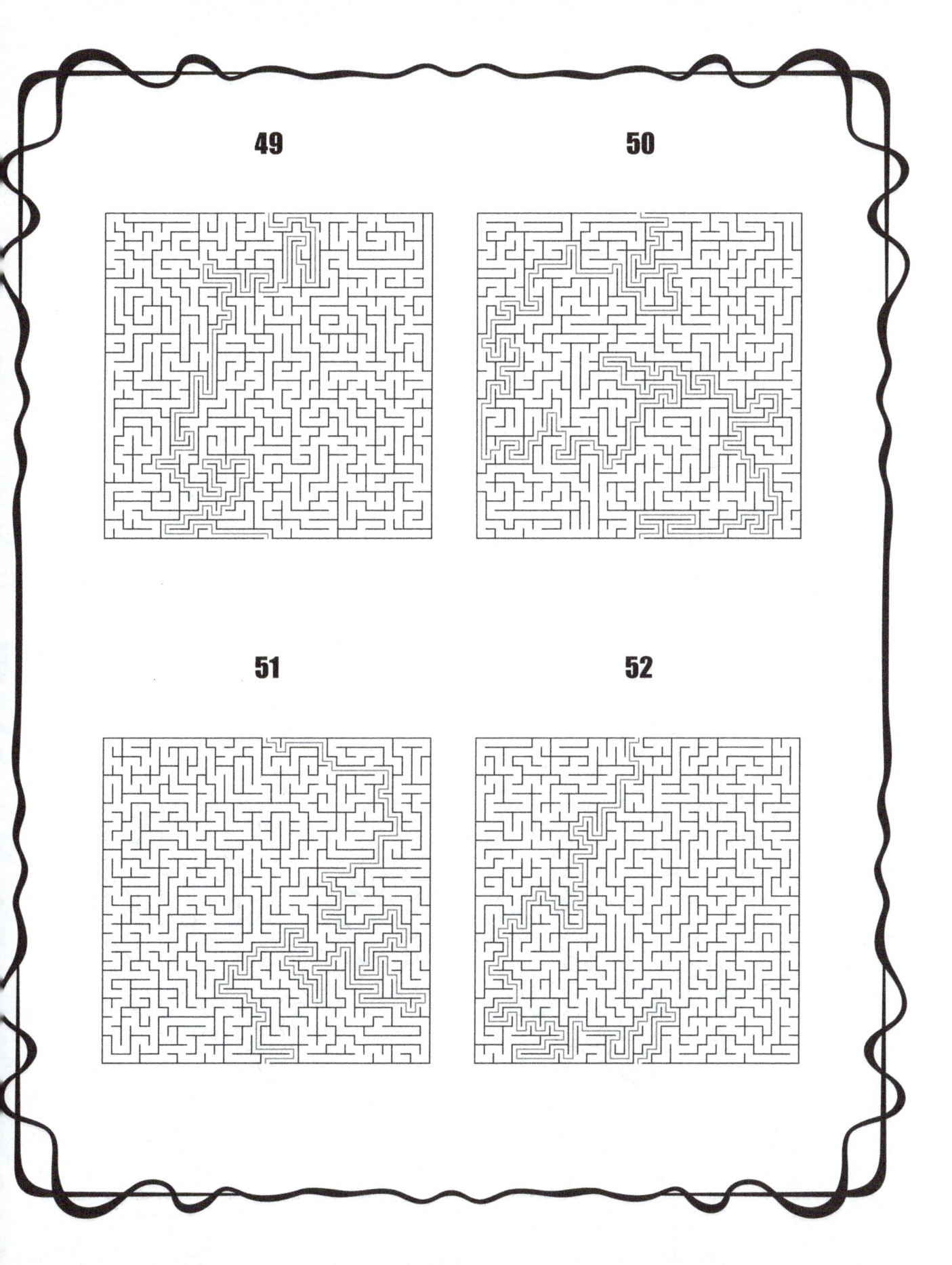

53

54

55

56

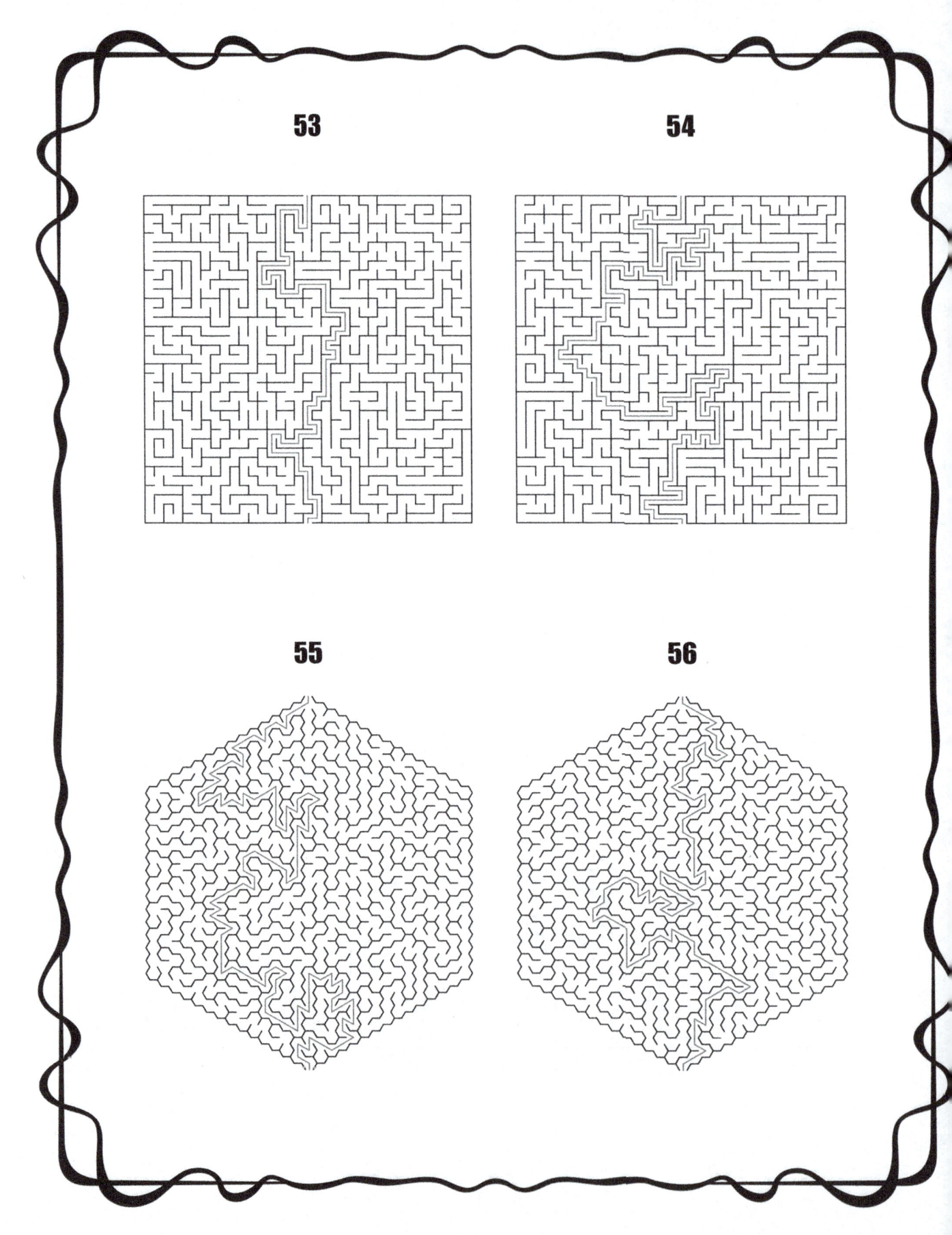

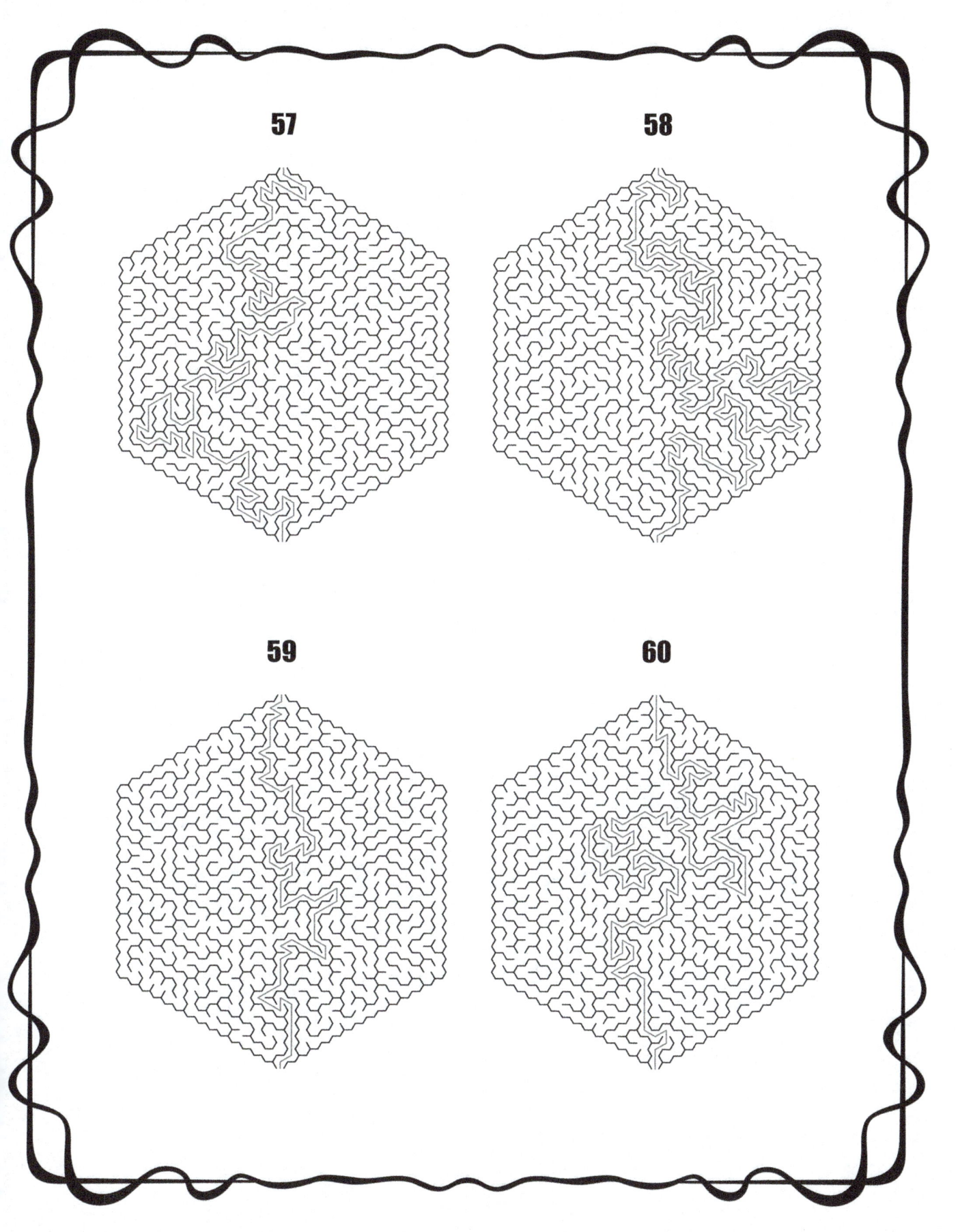

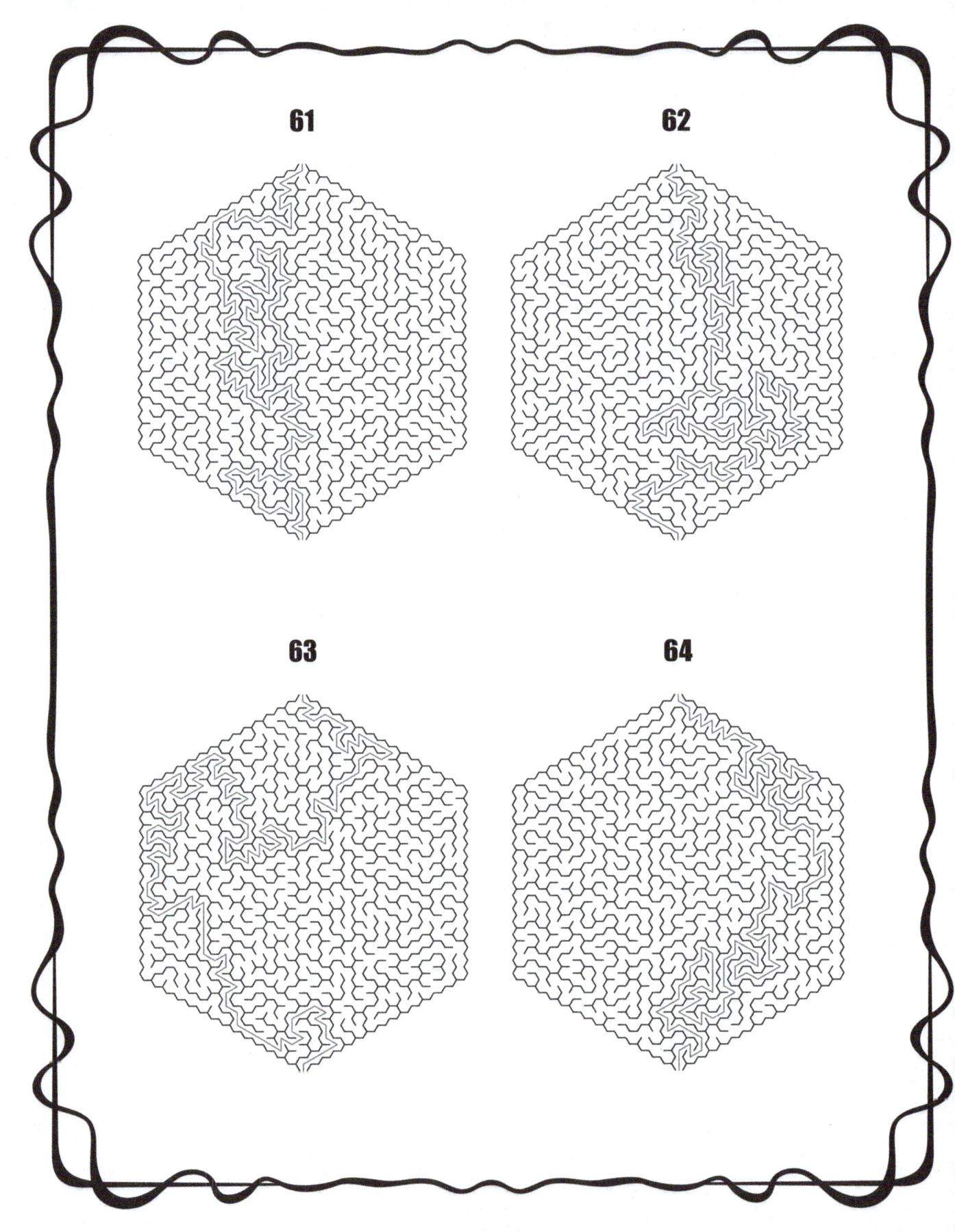

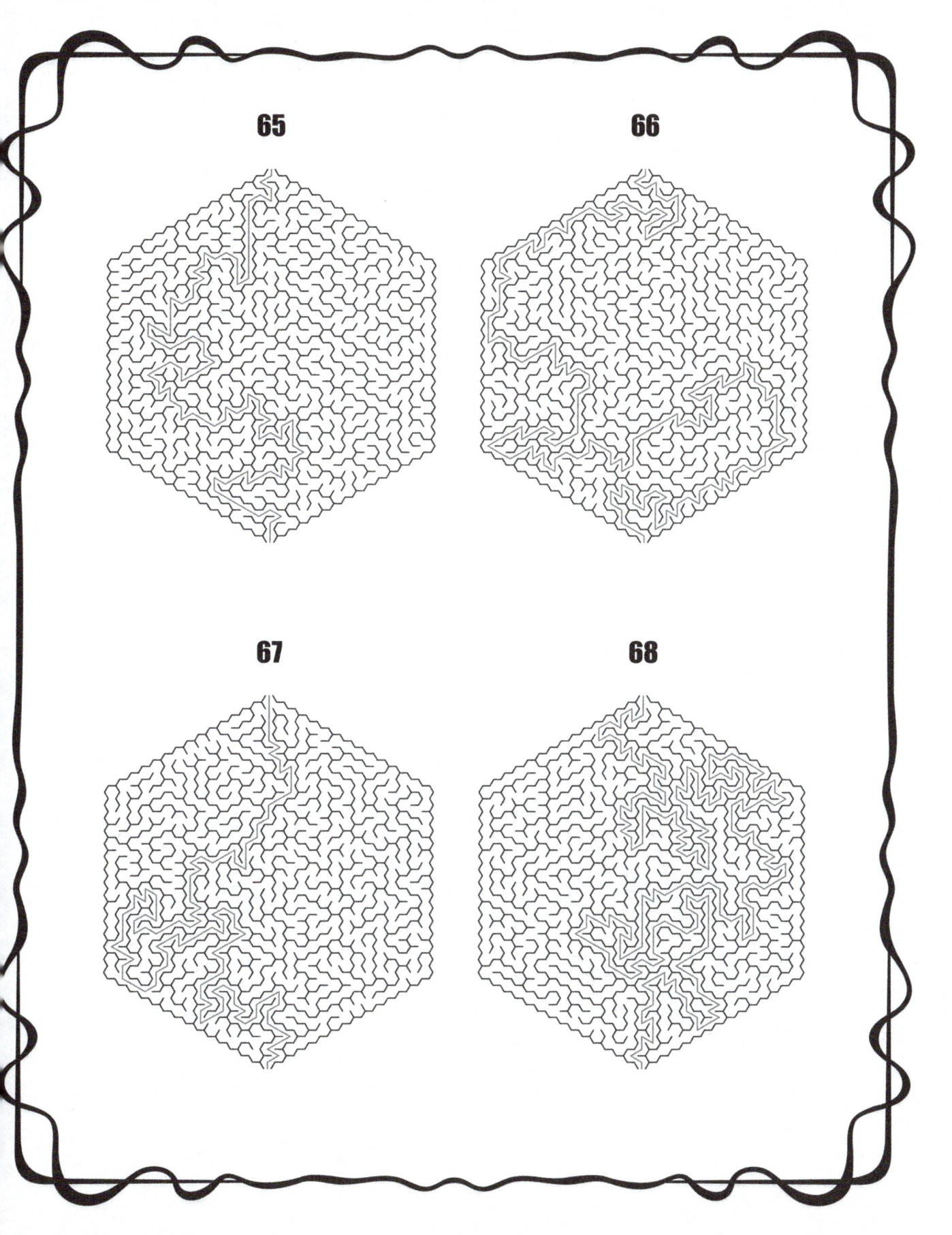

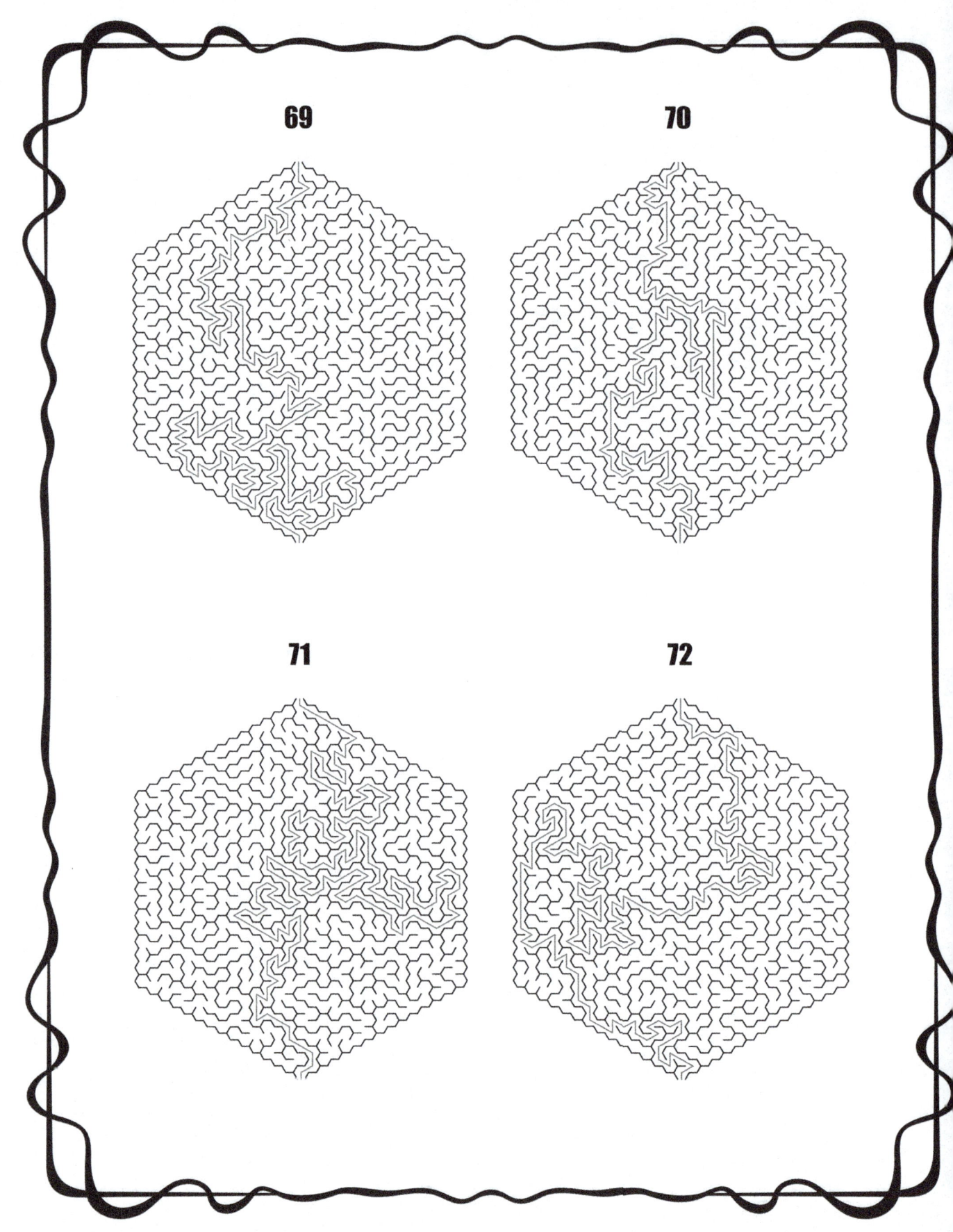

73

74

75

76

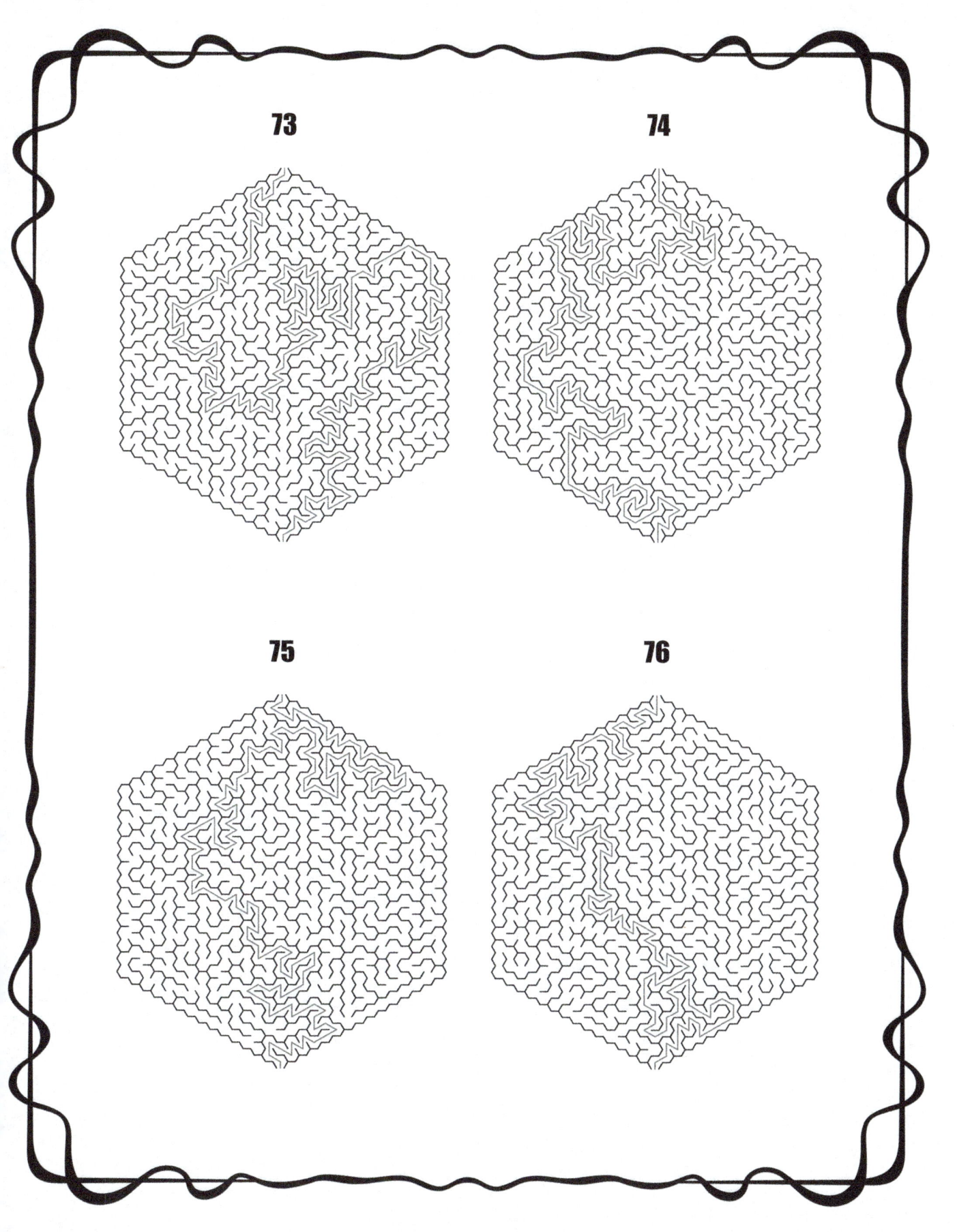

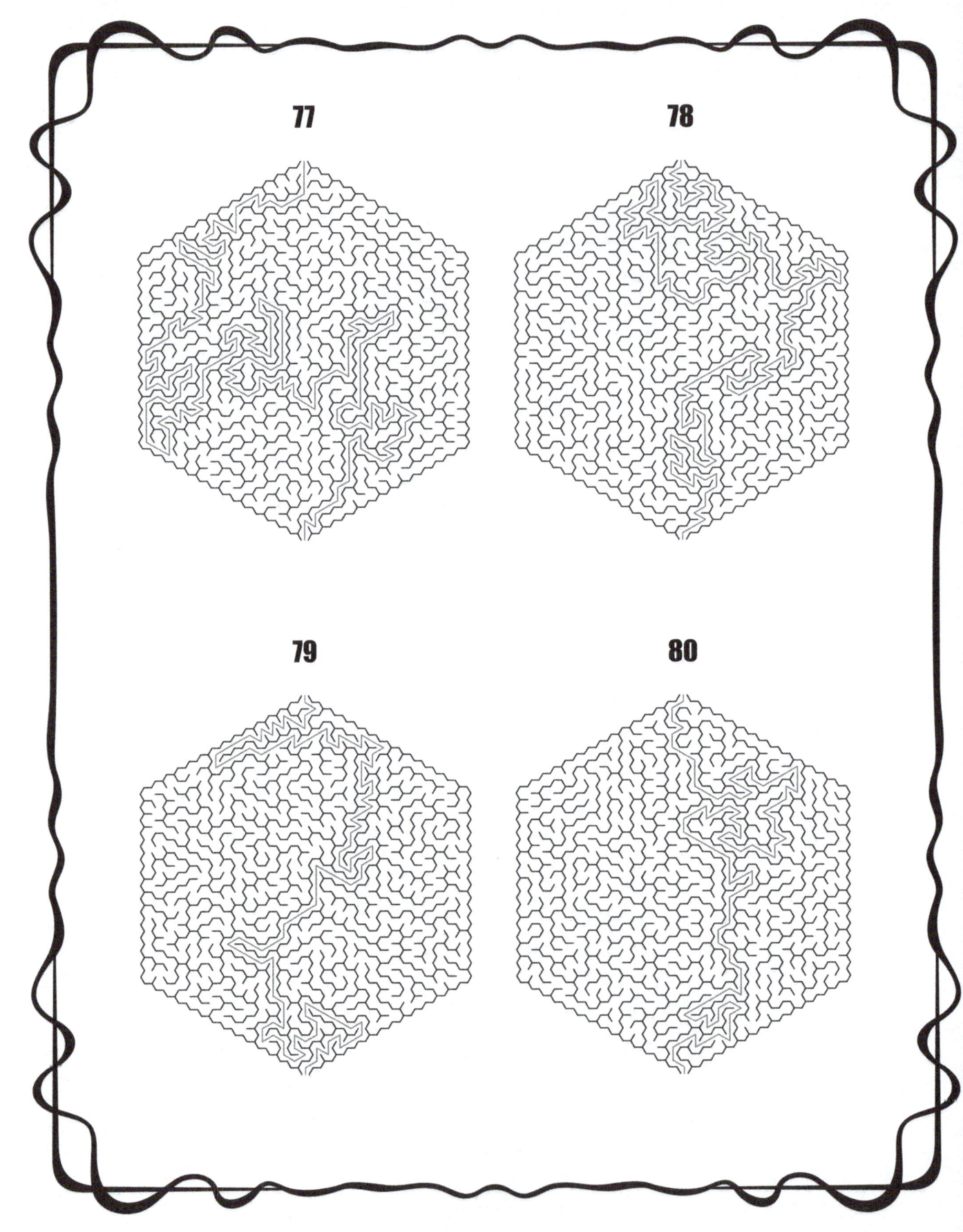

81

82

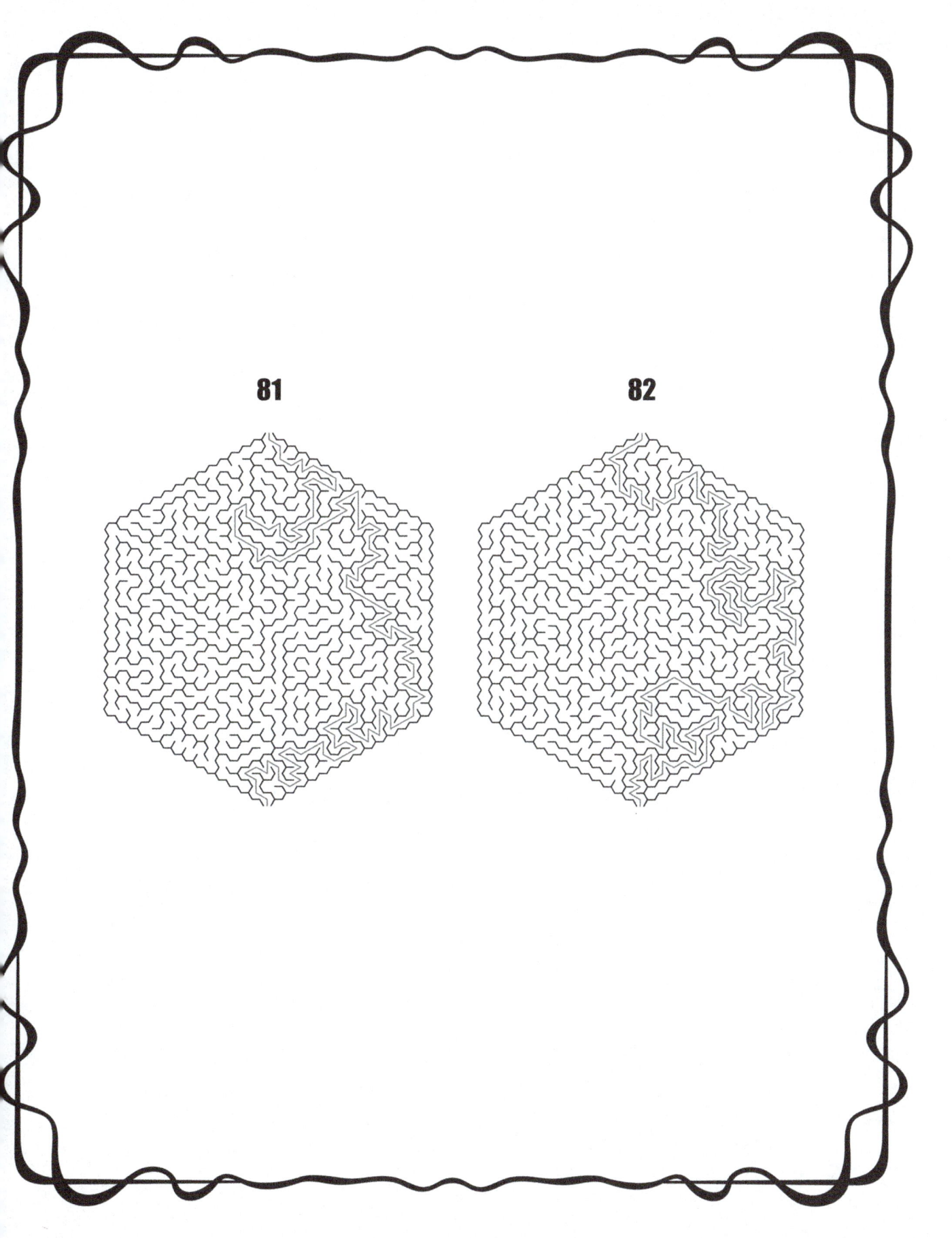

Made in the USA
Monee, IL
07 July 2026